U0149075

衣冠塚外的我

外的我

不是英雄是倖存者
（一位失落的黑貓-U2間諜機
　飛行官的悲壯故事）

U-2 Spyplane

張立義　自述
鐵　夫　執筆

國家圖書館出版品預行編目資料

衣冠塚外的我：不是英雄・是倖存者/ 張立義
自述；鐵夫執筆. -- 初版. -- 臺北市：文史
哲，民95
　　頁: 公分（傳記叢刊）
ISBN 978-957-549-699-9（平裝）

1.張立義 -- 傳記 2.飛行員 -- 中華民國 -- 傳記

782.886　　　　　　　　　　　95026355

傳 記 叢 刊

衣冠塚外的我

自 述 者：張　　　　立　　　　義
執 筆 者：鐵　　　　　　　　　　夫
出 版 者：文　史　哲　出　版　社
http://www.lapen.com.tw
登記證字號：行政院新聞局版臺業字五三三七號
發 行 人：彭　　　　正　　　　雄
發 行 所：文　史　哲　出　版　社
印 刷 者：文　史　哲　出　版　社
臺北市羅斯福路一段七十二巷四號
郵政劃撥帳號：一六一八〇一七五
電話886-2-23511028・傳真886-2-23965656

實價新臺幣三〇〇元

二〇〇七年（民九十六）一月初版
二〇一五年（民一〇四）十月再版

趙　序

　　今年六月偕內子往溫哥華參加長孫女的高中畢業典禮時，承蒙僑居溫哥華的空軍幼年學校蒲陽哥子們熱誠款宴，適巧和立義老弟不期而遇，我倆比肩而坐。雖然在座的都已是七老八十的白髮蒼蒼老公公了，但談起童年在蒲陽河畔歡愉的日子，仍然令人神往不已。席間曾聊到立義不幸的遭遇，卻未便深談。七月初自加拿大回到台北，收到一本由鐵夫先生執筆張立義自述的「衣冠塚外的我」。請我為之序，我和立義不僅幼校更是空軍官校先後期同學，我比他虛長幾歲，為其寫序，義不容辭，且是我莫大榮幸。

　　當我靜心細讀全文，思想每一個感人至深，扣人心弦受苦受難的情節後，真是同感身受，僅願從不同的角度切入，就立義的信仰、愛心、孝行等方面作積極正面的思考；俾有助於我們如何正確面對不可預期的人生苦難。

　　立義是一位非常虔誠的基督徒，在他遭到人生最大的苦難時，仍能堅心仰望上帝，信靠上帝，懇求上帝的庇佑，無論是順境、逆境都全心感謝，讚美上帝，故能倚賴上帝安然走出死蔭的幽谷。

　　綜觀立義自一九六五年元月十日深夜，駕 U－2 偵察機，在內蒙古七萬呎高空執行偵照任務時，不幸座機中彈跳傘被俘受難，以迄一九九三年和離別二十八年半的愛妻子女團圓，在這段漫長孤苦艱辛的歲月中，充滿了恐懼、孤寂、艱

苦、絕望……，但靠著上帝的恩典與憐憫，使重傷垂死的身體得到醫治，且未留下任何殘疾，在十八年的俘虜生涯中，雖受盡了難以忍受的煎熬，卻苦盡甘來得與離別了二十七年的慈母在家鄉 —— 南京重聚，在經過了五年思想改造，五年農村勞改，又五年工廠勞改後，終能躋身儒林而重獲自由，在在都明顯了上帝的保守與眷顧，雖於獲釋後在香港申請回台時受困而進退維谷，但終能在山姆大叔伸出援手，接往美京居住七年後得以回台和愛妻子女重整破碎家園，安享天倫之樂，使立義更深的經歷了上帝的慈愛與恩惠，立義堅定的信仰不但給基督徒作了良好的典範，也為榮耀上帝作了美好的見證。

　　鐵夫先生依據立義的口述，把他二十八年半不幸的遭遇，或悲歡、或離合、或生離、或死別、或寡情、或重義，描述得淋漓盡緻，呈現在讀者眼前，使我有身歷其境之感，當我從五、六、七章中看到那些悖乎情義，匪夷所思的情節時，在內心深處對當時有關當局產生莫大的質疑，不禁要問「為什麼？」「為什麼？」「為什麼？」，但往者已矣，來者可追，對不同時代背景所發生的不合情義的處置，實不願以目前的觀點予以苛責，但深盼有關方面能以此為借鏡，方不會讓這種薄情寡義的憾事重演。所幸，文中也有充滿了感人肺腑的母子真情的愛，友朋至誠的愛，夫妻永恆不渝的愛，甚至敵方惻隱同情的愛以及立義對慈母孝的篇章，凡此皆為人性的光明面和溫馨面，是值得我們學習和發揚光大的。

　　　　退役空軍上將 **趙知遠** 謹序　二〇〇六‧九‧十一

姚　序

旅美東名政論家、詩人

姚　立　民

　　中華大地上的天災人禍，不絕如縷。此二者有時互為因果、有時兩面夾攻。天災使人民衣食無著，逼得人民為求生而製造動亂；而政治腐敗、戰亂頻仍，不僅大大削弱了防治天災的力量，有時還比天災可怕得多。自有文字記載的歷史開始，中華民族就在一治一亂的循環、治少亂多的痛苦情況下，熬過了兩千八百多年。更不幸的是：同室操戈、骨肉相殘的內戰，其次數之多、規模之大，犧牲人命之眾，帶來痛苦之深，在悠久的中華歷史中，竟超過了對外的戰爭！

　　戰爭給人民帶來的痛苦，有目共睹；往往被人忽略的是，在正式戰爭結束之後，還有一些後續的“餘音”，其中悲歡離合的感人之處，有時並不遜於正式的“樂章”。“衣冠塚外的我”就是這樣的一部作品。

　　本書有很多特色，閱讀之前難以想得到的，在此扼要介紹：

　　（一）本書書名是：“衣冠塚外的我 —— 不是英雄、是倖存者”。“我”是本書的主人公張立義，也就是本書的口

述者。1965 年 1 月，張君駕 U-2 偵照機，在內蒙古上空執行任務，機身被大陸飛彈擊中，張君跳傘求生；台灣當局不知真相，誤以為張君殉職，乃立衣冠塚以紀念烈士。

（二）在嚴冬季節，自內蒙古上空 7 萬呎的高處跳傘，張君身受重傷，賴北京諸醫師悉心調治，得以完全復元，無後遺症。

張君住北京某招待所，物質生活尚佳，除不能外出外，其他一切自由。他的房間內放的是當天的兩份日報和四本毛澤東選集，還有收聲機一台。有時來訪的幹部也做一點"思想工作"，但一直沒有在"成效"方面有考核或要求。

文革開始後，紅衛兵並未進入該招待所騷擾。一些被紅衛兵整得欲哭無淚的知識份子，知道後該多羨慕！

（三）1970 年 3 月，張君和千千萬萬的紅衛兵一樣，下鄉接受勞動教育改造。令張君喜出望外的是：他被分發去的地方，不是北大荒或大沙漠，不是偏遠的漁村或山區，而是他魂牽夢縈的故鄉：南京市郊區的農村。在這裡，他看到了以前深切懷念的親戚和朋友，特別是母親、兄弟和姐妹。

（四）1981 年 3 月，他被調到南京航空學院，輔導大一學生在工廠的實習，後來正式被委任為工程師，物質生活也隨之大為改善。

（五）1982 年 11 月，張君重獲自由，當局以"返台探親"為名，讓他離開大陸，先被送到香港，在港等待台灣的入境許可。在這時，台灣當局的態度實在太出人意料之外。它遲遲不發入境許可，但也沒有明示拒絕，只是用一"拖"字訣。張君在香港的居留期限只有半年，逾期必須離港。這

時的張君像是熱鍋上的螞蟻，後來經過奔走努力得到美國友人（與當年 U 2 有關的人士）的協助，1983 年 5 月，才由香港到了美國，從此就在美國定居。

1990 年 9 月，他離台灣 25 年後第一次訪台，並正式辦理空軍退役手續，受到舊日空軍袍澤的熱烈歡迎。

（六）張君在大陸後期，　身份和經濟地位雖然大為提高，但返台的希望仍是渺茫。南京的家人都希望他再娶，以便身邊有人照顧；張君深愛在台灣的髮妻，絕不考慮。張立義君和夫人張家淇女士，以及張君離台 18 年期間，身為“第三者”的何先生（當初善意介入照顧戰友“遺孤”。後來毅然退出促成戰友重圓），三位都是光明磊落，都具有極高尚的情操，在當今社會中實在是鳳毛麟角，令人讚佩！

（七）現在需要分析的是：台灣當局為什麼用“拖”字訣來拒絕張立義入境？記得遠在張立義之前，北京當局釋放了十位國共內戰時的戰俘，台北當局也是拒絕接納，和對待張立義的手法如出一轍。台北當局之所以如此，可以明說的理由是，防止他帶紅色病毒入侵，這個理由牽強得不值一駁；恐怕還有說不出口的真正理由是：“你們當初為什麼不能像黃百韜那樣的殺身成仁？”我的推測，是根據湯恩伯在台北病逝時，老蔣先生所說的一句話：“他要死在，那該多好！（國軍在大陸撤退前夕，湯是鎮守京滬杭的最高軍政長官）。

軍人犯罪，以通敵為最不可赦，非明正典刑不可。其次應該接受軍法處分的是：不服從命令、不戰而降、不戰而逃、指揮不當等等。力竭而能安全撤退，應該受獎；對於力竭被俘的袍澤，正痛惜悲傷之不暇，又怎能忍心以“殺身成仁”

來要求？而就實際的利害觀點來看，假如曾經戰敗或被俘過的國軍官兵都殺身成仁，那麼 1949 年以後的台灣要靠什麼人來捍衛？

至於 U－2 飛機，根本就沒有自衛的武器，只有偵查和照相的設備，以及高空跳傘的自動裝置。一有緊急情況發生，不能坐以待斃，只有按電鈕開機門跳傘求生。原來的設計就是如此，駕駛員的做法一點也沒有錯。

不論上述"當局要求殺身成仁"的推測是否正確，一個政治領袖，對待過去忠貞（不忠貞就不能駕駛 U－2）、而 18 年來一直沒有背叛跡象（張君在大陸沒有任何不利國府的言行）的老部屬，竟是如此的冷酷無情，讓其他的部屬看到後作何感想？兔死狐悲，還能再讓現在的追隨者口服心服地澈底效忠嗎？

（八）最後，需要說明的是，一部好的報告文學作品，就像是一道美味佳餚，上等的材料，加上高明的烹飪技巧，二者缺一不可。本書所根據的材料，是當事人的口述，具有極高度的真實性和趣味性；作者鐵夫先生以生動流暢的文字寫出，敘事要言不繁，佈局有條不紊，像一位淡妝少女薄施脂粉，秀麗天成，無意譁眾，自能取寵。

　　　　2005 年 5 月 30 日　姚立民 序於 美國紐約

衣冠塚外的我

目　　次

前　言

　　在數年前台灣曾上演過一齣電視劇，情節很感人，可惜我一直無緣觀賞到。它是描述一位飛間諜機 U-2（當年是屬於極神祕且神聖的任務）的飛行員，在飛大陸出偵照任務時，被對方飛彈擊中「陣亡」，二十多年後又出現在台灣的一則離奇故事 ——《……由於大陸保密到家，使台灣方面以為他已經壯烈犧牲，就以「國軍英雄」待遇處理他的後事，並在空軍公墓為他建造了一座「衣冠塚」，以供憑弔。家屬也受到所謂「遺族」待遇的撫恤。當年年紀還輕的太太，因為他的已經「為國捐軀」，且為日後生活所逼，而改嫁了一位陳姓袍澤（在空軍袍澤中有個非常良好的傳統，就是當一位同袍陣亡，在袍澤、或前後期同學中有單身者，必會自告奮勇照顧其遺族）。其結局是當那位「英雄」二十多年後「復活」回台灣時，他改嫁了的太太和她現任丈夫一同到桃園機場接機，當他和已改嫁為他人妻的「太太」見過面後，回過身想要向那伸出道義援手的「當任丈夫」當面致謝時，陳先生卻已從人群中悄然逸去，而從此在他們生活圈裡永遠失去了蹤影……》。我對這電視劇雖未看過，卻在腦海中一直留著很深刻的印象。

　　約在三年前有一天，我女兒回家告訴我說，她當年在一

女中的張同學，她的父母剛從台灣來，希望我去教堂做禮拜見到他們時，多招呼他們一下，以免他們感到孤單。她同時又補充說，張同學的父親以前飛 U-2 間諜機被大陸擊落失蹤將近二十年後，才重獲自由……。我就立即問她，他是不是就是那電視劇裡的主角，她說：「好像就是……」。這引起我莫大的興趣和好奇，很想立即求得證實而寫些由他親口說出的故事，尤其那感人肺腑的「結局」一幕，以饗讀者。

　　他們那次的來到，住在女兒家，時間很短，他倆卻又形影不離；雖然我曾幾次三番想將話題導向他的「英雄事蹟」，惜總因不忍心當他劫後重逢的太太面，去觸及他的往事，而使他尷尬，何況我們之間到底還不夠深交。可惜的是在不久他們就回去了台灣，我當時所能得到的「情資」僅止於：他的確是當年飛 U-2 被擊落、被俘虜了十八年卻「倖存」的「英雄」。對於他們兩位是不是就是電視劇裡的男女主角，未能求得證實。

　　去年下半年張先生又來到，但只見他單身隻影，而不見他風姿綽約、卻命運坎坷的太太同行，因為她已於數月前在台灣病故；他這次是應女兒之邀來散心的。由於我和他已成為「故知」，且當年所經世故也相若，抱著陪他解悶的心情，每次見面就天南地北聊得沒有個完。無論是聚會見面或是出國同遊，總在一起"話當年"；在其間，我不是握筆疾書，就是調控隨身攜帶的錄音機，以記下他所說故事。

　　我們擺龍門陣時，那「電視劇」總環繞著我的腦際；很想揭開他太太和他復合，也就是那電視劇「結局」那一幕之謎，但又不願讓他一上來就看透我的「心事」，尤其他才喪偶

不久，我若硬是單刀直入請他敘說那段並不令人愉快的往事，似乎顯得過於唐突且不通人情，因而我把想寫那段令人悱惻的故事的念頭，暫時置諸腦後，且以待日後去慢慢求證，因為當時我到底並沒有什麼迫切的使命感。

當我們談到彼此的「想當年」時，可講故事很多；然而在他的方面，最令他訴說不完，也是我百聽不厭的，是他飛間諜機 U-2 被擊落、被俘虜，繼而被勞改、洗腦到重獲自由，最後親眼見到他自己「衣冠塚」的那一段令人神往的「英雄故事」。

最初我只打算先寫一篇有關他被擊落、跳傘、以至得救的短篇故事去投稿，然後再將從他口中說出的故事，寫成另外獨立的短篇去陸續發表。當然，我最終目的還是想能讓他帶著個人情感，親口描述那段饒富情感的「結局」故事，再以「權威性」的「第一手」資料寫成文章，也許更能得到讀者的共鳴。

當我把寫好的第一篇短稿請他過目時，他覺得寫得翔實生動，且因而引起他極大的興趣和意願。除了補充我文中的不足，或修正與實情有出入之處外，還繼續不斷說出許多有關他被俘以至重獲自由，甚至抗戰時期與家人「生離死別」等令人鼻酸的故事。並希望我能將他積鬱在心多年，連家人面前都難以盡情傾訴的「心曲」，全盤用文字「發洩」出來。他一面斷斷續續地講，我一面斷斷續續地寫，寫到後來發現，那電視劇裡的「結局」劇情，原來只是編劇者用文藝筆調加油加醋的得意傑作，和它的實際情節有些出入。其實，他的「真情告白」才更有其另類感人之處。

　　他的故事很長也很感人，聽了以後使我全心浸淫於故事內容。對那可歌可泣的經歷，尤其那「有家歸不得」的遭遇，遂有了「一定要忠實、真切地報導出來」的使命感，而不再在乎能否寫出那篇「感人」的「結局」來。

　　鑒於獨立的 "短篇" 難以承先啟後表達完整的內容，在和故事主人翁研討後，決定以由他口述，我來筆錄的方式編成一取名為《衣冠塚外的我》的報導文章。在此同時，在伊拉克戰場被俘而後獲救，人稱她為「英雄」的美國女兵，因為承受不起人家給她的「英雄」榮銜，勇敢的站出來說：「我不是英雄，是倖存者」，這倒和張先生情形有點相似，於是我就將這則故事名稱補充定為《衣冠塚外的我 —— 不是英雄，而是倖存者》。

第一章　壯志凌霄（飛天）

（從Ｆ８４飛到Ｕ２）

　　我是於民國四十年，也就是 1951 的年底，畢業於南台灣崗山的空軍官校。

　　因為我自幼嚮往「飛天」，從十三歲小學畢業那年就進了空軍幼校就讀，六年後繼續升入官校。由於空官一畢業，就能從此翱翔天空，以酬凌霄壯志，且報效國家，以實現我的夢想，那也就是以「飛行」為終生志業的開始。那個時代在中國，要「上天」，非得經過空軍官校的洗禮不可。

　　即將畢業而尚在官校時，就已被選拔為第一批送赴美國接受 F84 噴氣機訓練的一員。在該次選拔中，從官校內一百多人當中一共選出卅二人，選中率約為 1/5；其中 10 人係送去接受轟炸機訓練者，真正要去接受噴氣機訓練的，連我在內一共是廿二人。

在美國訓練基地

　　那接受轟炸機訓練之 10 人成行在先，我們卻暫留在學校接受有關生活起居乃至禮儀方面的講習。約在半年後，空總又舉辦第二次選拔，那是從各空軍部隊中選出了也要去學習

噴氣機飛行的 10 人。

　　他們和我們合起來剛好還是卅二人，在 1952 年 10 月啟程前往。起先是在美國德州、亞利桑那等基地接受 T 33 教練機的訓練；稍後換了訓練基地，正式開始接受 F84 噴氣機的專門訓練，前後為期約一年。

　　1953 年 11 月學成回國，被派到台南基地的第一聯隊服役，並立即開始執行在台灣上空的防空，和大陸沿海福建等地的巡邏等任務。

　　那時對方已常有遠從浙江等地起飛的米格機前來騷擾，但從未與我方在空中遭遇過。1955 年間某天我飛到馬祖海域上空執行任務時，突然遭到了米格機的偷襲；這是「噴氣機對噴氣機」在台灣上空遭遇的第一次。

　　第二次是 1958 年，就在歐陽漪棻首次打下米格機的頭一天，我在馬祖前線作例行巡邏時又突然遭到冷不身防的偷襲，我急忙丟下油箱等裝備返回基地。落地後竟發現我的座機竟被自己丟下的副油箱軋了個大洞，這一趟險些結束了我的飛行生涯。

　　我從 1953 年底首次學成回國，到 1963 年底再次被徵選去美國接受 U2 飛行訓練止，一直都在台南的第一聯隊飛行 F84g 和 F86f 噴氣機，整整十個年頭。身為一個空軍戰鬥員，每次出任務，雖然不致膽怯害怕，但返航時都會感到與家人「重聚」的激動，與生還的慶幸。大家都知道那時台灣海峽上空的制空權，我方握有的已經不再是絕對優勢。

　　1963 年底我仍在台南第一聯隊服役時，突被空總情報署召去「問話」，後來才知道這趟問話，原來是要被徵調去美國

接受 U2 飛行訓練前的 INTERVIEW（面試）。參加的除了我們，還有其他地方聯隊派去的多人。面試時只「聊」些家庭狀況，和一些趨於性向測驗的「家常」，而未涉及任何有關飛行的專業技術問題。很顯然，此次面試還是著重於忠誠問題，若是我沒有家室在台，大概是不會被考慮的。結果連我在

與唐治國學長在美接受訓練

內被錄取的一共才兩個人，算是被徵調去受 U2 飛行訓練的第四批。

在那個年代，「U2」，對一般人來說是個陌生而神祕的名字，就軍方而言也列為極機密而只有少數人懂得的高空「偵照」機。它沒有攻擊性武器裝備，只有精密的高空攝影儀器。它可飛得高達七萬呎以上，敵人的砲火打它不到（共軍擁有飛彈之前），號稱是安全的高空「偵照」機。當時能被徵調去飛 U2 者，似乎都覺得有一種更上一層樓的成就和榮譽感。

1964 年二月啟程赴美，當年 6 月底訓練完畢，歸國後就立即被調至桃園基地的第 35

第二次學成回國

中隊待命。我的人事編制仍屬 35 中隊,而不是一般人所想像的「美方」人員。待遇並沒有改變,只是飛行加給多了一倍而已。

美方有個特別單位駐紮在桃園基地,他們負責的只是後勤任務,除提供 U2 飛機和裝備之外,就是負責維修。另外還有一個重要任務,就是從每次剛返航落地的 U2 機上立即接下才由儀器自動拍下的資料。

至於到大陸的路線圖和何時照相等指示,也是由該單位所下達。真正說起來,我們的角色只是一個照著他們的路線圖去飛行的「司機」;不但有關 U2 的機械結構不讓我們深入瞭解,連照相工作也只需照著他們指令按個鈕。自己所拍的「成果」我們不得而知,也從不過問。

記得就在七月七日我報到的那一天,第二批到美國受訓的李南屏被對方擊落。這已經是被擊落的第三架,由此證明共軍顯然已經有了地對空的飛彈。報到時得到這種消息,心裡難免有點發毛,心想不知什麼時候被擊落的會是我。

我第一次出任務是在泰國。美方在那裡利用一個名叫「打卡里」(TAKHLI)的基地,也設有一個「特別單位」,專門負責「後勤」工作。我九月中旬到達泰國,原來奉派到那裡去的任務之一,是要收集大陸第一次試爆原子彈基地的情報資料。但當我到達泰國時,美方仍在研究,對於要去拍攝試爆前的基地,還是試爆當時的情景,或者是試爆後的廢墟,尚未作出決定;結果中共在十月十四日成功地試爆了震驚世界的第一顆原子彈,我們也就取消了這個任務。

不過我還是在十月卅一日,從那裡出了我飛 U2 執行「偵

照」的第一次任務。當天經由昆明、成都到蘭州等地的上空，
照了相就直接飛回到了台灣的桃園基地。

編入 35 中隊蒙總統召見

總統召見完成四次偵照任務之 35 中隊 U-2 飛行員
（自左至右為王正义、總司令徐煥昇、土錫爵、張立義）

求生訓練（我是九命貓）

　　1964 年二月上旬奉命離台，到美國亞利桑那州（ARIZONA）南部土桑城（TUCSON）一個叫戴維斯山（DAVIS MOUNTAIN）的訓練基地，接受為期約三個多月的 U-2 飛行訓練。在整個針對我的訓練計劃中，除了有關飛行課目外，最後還有一個為期十來天的「求生」訓練，我事先卻並不知道。

　　有一天，飛行課目操練完畢，沒有像往常一樣先回到住處更衣，略作梳洗後，就自行到餐廳用餐，而今天卻由基地經常與我接觸的聯絡官，很友善地邀我到市區的餐館去盡興地享受一番，以示慶祝我飛行訓練已經結束且十分完美。不料就在那時他向我傳達一道命令，要我次日就開始接受最後階段的「求生」訓練。

　　那是我事先沒有想到的一個項目，也沒有聽到前期學長們提起過有這麼個訓練科目。要訓練些什麼內容，怎麼個訓練法，更是茫無所知。不過我很有自信，想當時一般認為困難度極高的飛行訓練都能順利過了關，「求生」訓練總不至於將我難倒；再說即使想要臨陣脫逃也已經是不可能的事，就乾脆硬著頭皮卻裝作瀟灑地接受了他所轉達的「派令狀」。

　　在派令狀上只寫著要我明天到什麼地方找什麼人，其他的什麼提示都沒有。沒有告訴我要穿什麼服裝，或帶多少什麼樣的衣服，更沒有提示要預備些什麼隨身急救藥品。也沒有告訴我此後如何與訓練基地連絡，求生訓練完畢是否還會

回到這裡來，當然也不容許我身帶任何可與外面聯絡的通訊器材……。讓人感覺到即將遠離熟悉的人群，要投身到一個完全陌生而無人管的世界去求生，看我能否活著回到台灣去。

當天晚上回到訓練基地，匆匆忙忙將行李寄放到剛從台灣來報到的三位後期同學處，同時告訴他們：我將於明天就要去接受「求生」訓練，至於到那裡，何時回來都沒有交代清楚，因為我自己也不知道。

第二天吃過早餐，整理好極簡單的行囊，興緻勃勃正準備出發時，突然感覺到週遭的氛圍與往常大不相同，我想大概那「派令狀」從昨天晚上和那聯絡官分手時就開始生效了；否則怎麼沒有人來管我，或至少有人來叮嚀幾句什麼的？更不見有人前來陪我同行。在異國他鄉人生地不熟的環境下，頓時覺得孤獨、無助卻無奈。我想大概叫我「自求」生路的計劃從昨天晚上就已經開始實施了。

獨自按照頭天晚上那聯絡官給我的地址，在鎮上的一個小旅館裡找到了那位我要投奔的人。那人（我實在難以啟口稱他為先生）打著赤膊與我見面，令我十分不自在，甚至不知所措。大概他已在等著我去找他，見面時我抱著一股熱誠要上前去和他握手，他卻並沒有伸出手來，只木然、低聲地說了一句"你來了！"。沒有像一般美國人會和我寒喧一番，也沒有要請我坐下的意願，當然更沒有敬煙奉茶的舉動。

像這樣一個既無文化又不文明的人，叫我往後如何能與他一對一地共處十幾天？再說看這個樣子我又能從他那裡學習到些什麼呢？我納悶、無奈，也帶有三分疑懼；總覺得訓練基地給我這樣的安排，實在是匪夷所思。不過稍後也就想

通了，如果在這種令人窒息的氣氛中，還能如常的生活過來，豈不也是一種求生中的「耐力」考驗？

「那個人」叫什名字我不記得了，不過知道他是道道地地的美國人——印地安土人；他對我的訓練既無講義，也沒有所謂教戰手冊，更沒有開課講解的打算。4080 聯隊之所以安排由他來充當我的求生訓練員，肯定是因為他是印地安土人，對高山、沙漠叢林、或沼澤等地形比較熟悉的關係。

現在既然已經落在他的手中，也就只好跟在他後面任他擺佈了，要不然又能怎麼樣呢？他們根本沒有給我什麼退路。

（一）第一階段，高山求生

在我向那土人（以後就稱他土人吧）報到時，他已經將裝備（包括我的一份在內）準備妥當；其中有用以果腹的食物、高山穿戴用的鞋襪衣帽、露營用的簡便帳棚、甚至用以對付山林野獸用的槍枝等，一應俱全。所以當我一出現，他就叫我一齊動手將應帶物品搬上了他早就租賃來的小貨車（PICKUP），隨後朝向大峽谷方向的山區進發。車子行到半山腰的 PRESCOTT 範圍內，因到了可以行車的道路盡頭，只好停下車來，將所有裝備全部卸下，各自揹負在身上，棄車向他所預定的去處繼續往上爬。

我因為從來就缺乏登山的訓練與經驗，揹負著沉重的裝備，爬起山來固然會覺得吃力，但由於那時才三十五歲，還年富力壯，同時也已經有了一些心理準備，一路走來也還能應付得過。倒是那位也才四十出頭的土人，一路上氣喘如牛，走走停停，越到高處越顯得難以為繼。他何以如此不堪一擊？

原來他患有「高山症」，越到高處空氣越是稀薄，他就越是接不上氣來，看他走來煞是辛苦。

到了營地，稍作休息，搭起帳棚後，首先要操練的就是炊事工作。當點起柴火預備煮飯時，卻發現無法將食物煮熟，其原因是在高山上氣壓低，水才燒到七八十度就沸滾，煮不熟東西，當天的炊事操練算是功敗垂成。沒有能吃到自己燒煮的食物，只能以帶去以防萬一的，像罐頭、乾餅等乾糧充饑。不過，高山煮不熟食物倒也算是此行所學到的另一個意想不到的經驗。

在營地，除了炊事訓練外，他也教我放槍射擊；其目的是要對付來襲的野獸，如野狼、山豬等。說起打槍來，我是個職業空軍，常常開軍機作各種投射、打靶總是百發百中屢建奇功，算得上是個中一把能手，但是那都是仔細照著儀器指示按鈕行事就能得分的；可是真正拿著「槍桿子」作實彈射擊的，這算是第二回，也是最後一次，因為自此以後再沒有摸過槍枝。

第一次打槍是在學校作打靶訓練時，那次倒底打了幾多分，年代久遠已經不復記憶，好像關是過了，但絕對沒有上過英雄榜，否則怎麼會一絲絲感到神氣的記憶都沒有的呢？只記得當時扳機一扣，耳朵聽到轟然一響，一股後座力將我肩頭撞痛了好幾天。現在這一次拿的是短槍，本想把握機會，在土人面前好好表演一番，為我華夏子孫爭點光彩。那曉得在求勝心切的心情下，連打數槍都是因為當扳機一扣手一抖，子彈打到那裡去了都不知道，當然也沒有去追尋，不過總算在山上打過槍了。

　　那位可愛的土著勇士，不但在身體的適應上不足以作為楷模，就是在荒野求生方面，也不能讓像我這樣的菜鳥信服、依賴。因為我發現他對高山上的地勢、環境雖然很熟悉，但對如何能在惡劣的環境下求生，連他自己都沒有把握。由於他有高山症，在登山的半途上已經醜態畢露，上得營地後更覺得他自始至終都在極不舒服的狀態下掙扎，狀似十分痛苦。

　　另外，我也覺得他對野外的野獸，頗有恐懼感，深怕隨時會有豺狼虎豹出現。當他要我注意千萬不要讓野狼看到有人在，以免正饑餓的牠當我們是獵物；看他一面在提醒我，一面緊張兮兮四處張望的神情，好像他怕講的話會被野狼聽到的樣子。我好奇地在想，當我們打槍、生火，為什麼就不怕狼會發現我們呢？莫非他認為狼不懂得槍聲和火焰與「人」有什麼關係，不過也許他是對的。

　　當晚我們就地睡在帳幕裡，因天黑得早，雖然還沒有到平常應該就寢的時間，但週遭一片漆黑，遂被逼得非躺下不可。這是有生以來頭一遭，要在這種與平常生活差距如此大的惡劣環境下睡覺，應該是難以成眠的，可是我由於白天實在被折騰得筋疲力竭，管不了蚊子的叮咬，或者會否有爬蟲侵襲，倒下頭去就呼呼入睡了，一覺醒來已經東方發白。

　　那土人，一方面對野外生活似乎也不那麼喜歡，另外他因高山空氣稀薄而感到週身極為不適，看得出來他很不想在那裡久留，適巧我也正對這一天一夜的煎熬感到難以忍受而想快快脫離苦海，於是兩人不謀而合，同時想要提早結束這趟高山求生的訓練。

（二）沙漠 JUNGLE 的徒步跋涉

拔營後重新揹起行囊回頭下山，上了停在那裡過夜的車子，就向回土桑的方向開去。我原本想這下可以回到訓練基地洗個澡，吃頓飽飯再睡過大覺；沒料到才開拔不久，行至鳳凰城與土桑之間的一個地方，他突然轉向一片沙漠地開去。

到了沙漠邊緣停下，我們再度揹上行囊，準備開始另一個行程。他在那兒指向一望無際的沙漠叢林說，我們要徒步經過沙漠走到那遠得看不見的對「邊」去。我當時感到十分的失望（不能回到土桑）卻無奈，直覺得在毫無預警且無心理準備下又給他糊弄了一下，甚是鬱卒。

這塊遼闊的「沙漠」，不像我國西北部的弋壁大沙漠那樣，是一望無際的沙海，而是整片沙漠上長滿了如仙人掌一類的沙漠特有植物。它們長得又高又大，形成一片叢林（JUNCLE），活像常在西部片中看到的景像。一旦進了去，就必須有人帶領才能出得來。好在這位土著對此是熟門熟路，我對他有信心；於是就一前一後，一紅一黃亦步亦趨地跟著他走。

不知他是故意的還是真正沒有選擇餘地，他帶我走的「路徑」離開公路很遠；在裡面行走起來，跟本感覺不到世間還有公路存在。既然走了進去，就得努力在迷魂陣裡跟著他找到出路。我們一步一步行經的根本說不上是「路」，只是前人所踩過的足跡所形成的羊腸小徑，非但崎嶇不平有時還得在荊棘中摸索、開闢出新的小路繼續前進，走來可真謂舉步維艱。

　　這 Jungle 的植物並不高得為我們將陽光擋住，卻密得不能讓風往我們身上吹。地面的溫度絕對不會下於 110 度，在裡面行走可真是又悶又熱。一路汗流浹背自不在話下，所帶的一點飲水早就開始省著點用了，想要在頭頂淋上幾滴來消點暑意，根本是種奢侈的遐想。在饑渴交迫的當口，最想知道的是「還要走多久？」。

　　一路上所渴望的是能快點到達「那一邊」，不料走到將接近那邊時，竟然真的看到了一匹野狼出現。土人顯得很緊張，我可更緊張，因為我只有在兒時，買票到動物園裡見過狼，卻從來沒有在荒郊野地見過真正的野狼。同時又想起兒時曾聽大人說狼是要吃人的，這時倒真的將我嚇得不敢輕舉妄動，跟著他鬼鬼祟祟躡手躡腳，摒著氣連講話都不敢大聲。所幸這次是我們先發現牠，在牠發現我們之前，就連忙躲在隱蔽處，沒讓牠或牠召來的狼群把我們當作牠們的獵物來追逐。

　　從早上八點由山區出發，抵達沙漠的「那一邊」已經是太陽西斜五點多鐘了，單在 Jungle 裡面就足足走了五個小時之久。到達了「那邊」，在山溝的小村裡借到一處印地安人搭建的茅草屋住下；放下背囊稍息片刻後，接著就生火為炊，胡亂吃了一點自己所煮熟的東西，和一些帶在身上的乾糧，在那裡又過了半露營式的一夜。第二天乘上土人已經另外租好的車子回土桑。

　　從他可以「隨便」將原來的小貨車丟在那邊，而在這邊又「隨便」有車子在等著我們，可見他是 CIA 派來對我作求生訓練計劃的執行者，所以他才可以自作主張作各種支配與安排。

通過了求生訓練的第二階段，本來照他的原計劃，是要
直接到土桑飛機場，乘飛機飛邁阿米，繼續第三階段的求生
操練，然後就讓我從邁阿米飛西部繼而回台灣了，但是由於
我的全部傢檔仍留在土桑訓練基地，必須回去取了隨身帶著
走。他只好依我一起回到土桑。我先到基地取了寄放在後期
同學那裡的所有行李，再到鎮上與他一起下塌於一家汽車旅
館，等明天的飛機飛邁阿米。

一生三十五年來，除了童年期間，因抗戰逃亡到重慶，
在物資條件比較差而吃過一點苦外，從進了空軍幼校開始，
一直就待在空軍軍中；雖然那時普遍日子並不怎麼好過，但
在三軍中空軍總是待遇最好的單位，在物資享受上，從來就
不虞匱乏。尤其一從官校畢業接著就來美國來留學，學成回
國，又成為台灣飛噴氣機的飛行員。在又被派到美國接受 U2
訓練以前，可以說向來是驕生慣養的天之驕子。所以這兩個
階段的求生訓練，對我來說可說是空前的磨難，魔鬼式的訓
練，讓我深深體味到人生苦煉的滋味。

這三四天的煎熬簡直苦不堪言，現在一旦又回到文明社
會，而住進了以前總覺得不夠氣派的小型汽車旅館，卻簡直
好像進了天堂。當天痛快的洗了個澡，洗盡積了數天的滿身
塵埃污垢；飽食一頓晚餐後，睡了個特別感到香甜的好覺。

（三）沼澤地蕞爾島

因為土桑訓練基地已在幾天前將我移交給了 CIA 的「土
人」，我就與基地已經沒有關係，這次到土桑訓練基地為的只
是取回我的行李，沒有再去任何單位打個照面的必要，其實

即使去了，也不見得會有人招呼我。所以第二天在鎮上退房後就直奔機場去搭飛往邁阿米的飛機了。

我們乘的是螺旋槳民航客機，經個三四個小時的航程才到達邁阿米。到了邁阿米機場他並沒有讓我看看邁阿米是怎麼個模樣，就直接開到沒有高樓大廈、現代文明的沼澤地區。到了那裡，先找到一個民間的小客店將行李放下，即著就開始進行沼澤地的求生訓練。

1.獨木舟進草叢

首先向那裡的民間租了一條獨木舟，預備穿梭於在沼澤中的水草叢中，以體驗沼澤生活。所謂「獨木舟」，就是用「一」根大木頭挖空了所做成的船；因為空間小，至多只能坐兩個人，它的動力是靠兩個人一前一後划槳得來。

五六月在佛羅里達本來天氣就很熱，以獨木舟划行於沼澤的水草叢中，尤其覺得悶熱難耐，感受不到一點划船的樂趣和情調。在水草叢中一路行來，只見水面舖滿浮萍，淺處則是水草和青苔，不見任何可資開發的經濟作物。水蛇、蛙類和蝎子等兩棲爬蟲隨處可見，偶而還會見到突然從草叢中飛出的大水鳥。「土人」對牠們一付視而不見的樣子，好像一點都不怕；倒是我因不熟悉牠們的習性，深恐牠們會來加害於我，所以盡量敬而遠之，但又怕被土人識破而譏笑於我。

平常在電影或電視裡看到，凡在沼澤地區，常會見到有鱷魚出現。這次既有千載難逢的機會親身來到沼澤地，總想能不期而遇看到些鱷魚的真面目，但在沼澤中划行了老半天，始終未見牠們的蹤影；我耐不住性子向土人請教何以如

此？原來當地政府為求遊客的安全，已經為所有會傷害到人的鱷魚群族留了一塊「保留地」，那就是專供遊客參觀的「鱷魚村」。

第二天我們租了一艘以螺旋槳為動力的兩人座小船，漫遊了全部沼澤地區的湖面。它的景色並不賞心悅目，卻是一片蠻荒潮溼，人不宜生活於此。再過一天我們也乘過一般遊客所乘的螺旋槳遊船，那比較大，比較寬敞舒適；那次倒隨著觀光客參觀了「鱷魚村」，見到了成群的真正鱷魚。

2.紮營叢爾小島

我們住的當地小「客店」雖然也是非常簡陋，但在吃的方面要比幾天前在高山和沙漠叢林中所吃的有點選擇性，因為在附近有當地居民所開的吃食小店。在那裡早出晚歸式的住了兩夜，第三天，一早在附近小店買了些簡單的乾糧，租了一條兩人座的小船駛到一個小島。那島還真小，它是個露出水面才三四個足球場大的一小蕞土地，是個名符其實的荒島。在上面除了長有一些矮草外空無一物，我們卻要在上面紮營過夜。

在這孤島上，要不是有個「土人」陪著我，還真不知道要如何熬過這一天一夜。白天要頂著大太陽坐在草叢中釣魚，因為魚可作為當時的食物；若魚釣不到就得拿並不可口的簡單乾餅、罐頭來充饑。一天晒下來非但口乾舌燥，頭昏眼花，長時間暴露在烈陽下的身軀更是紅得要脫皮。夜間住在帳棚裡，既沒有蚊帳，更不會有蚊香來驅散成群數不盡的蚊子和飛蟲。那「土人」似乎皮特別厚，對蚊蟲的叮咬居然

無動於衷，我卻不堪其苦難以忍受，巴不得早點結束這場整人把戲。

　　十來天下來，只是刻意要我去體認各種不同環境下的荊棘生活，而似乎並沒有教到我如何求生的技能；不過不管怎樣，總算結束了這場夢魘般的魔鬼訓練。從孤島回岸，我們並沒有住回到原來那由居民搭建的小客棧，卻到附近鎮上住進一間旅館。那小鎮比較文明一點，在那裡吃過午飯，下午痛快的洗了澡，還理了髮；晚間則到酒吧享受了一下輕鬆生活。

3.苦盡甘來回家轉

　　照 CIA 的原訂計劃，在沼澤地訓練結束後，土人就要陪我飛到西部將我送上回台灣的飛機。但是由於我曾要求到美國東部一遊，所以土人就在旅店裡將我交給了另一位所約好的 CIA 人員（下稱 A 先生）。在我與土人道別過後，就隨著 A 先生前往邁阿米機場去搭乘飛往華盛頓 DC 的飛機，從此他們就拿我當中華民國飛行官接待了。

　　在 DC 下塌的旅館是在白宮附近，從那裡到要參觀的地方都比較近。在那裡住了兩個晝夜，兩天裡曾在 A 先生陪同下參觀過斯密斯博物館、林肯紀念堂、白宮和國會山莊，另外還有華盛頓故居、太空博物館和一個忘了名字的藝術館。經過兩天參觀訪問，才了解到美國之偉大所以之能稱譽世界，確在是有其道理在。一路上在驚嘆、激動的心情下我拍了不少預備留作紀念的相片。

　　到美國之前就一直聽說紐約是個世界之都，現既已來到

東部，也很想利用回程假期，到紐約斯地一親芳澤。當我和
A 先生情商時，他雖面有難色，但並未立刻回絕。過了一陣
他大概已經和上級商量妥當，答應我可在紐約停留一天一
夜，不過交通和膳食費用得要自理。由於機會難得，只好表示
不願放棄這個好機會而願自掏腰包，請他們在我的訓練津貼
中扣除便是。結果並未見到在我的 PAYCHECK 裡扣除分毫。

　　那時正是世界博覽會在紐約的可樂娜公園舉行，我們參
觀了世博會，也到過幾個包括時報廣場在內的地標性建築
物。我固然好像劉姥姥進了大觀園，看到樣樣新鮮，樣樣好
奇；其實 A 先生要不是借著陪我的機會，恐怕也不會請了假
花自己的銀子特別跑來逛一下這個世界大都會。

　　在紐約逗留了一天一夜，接著由 A 先生陪我乘飛機飛往
舊金山，等我上了回台灣的飛機，他才算是完成任務回到華
盛頓去。

　　和 A 先生相處幾天覺得他很友善，且很能幹。我們似乎
很談得來，在飛往舊金山的飛機上他和我談天說地，表示非
常關心於我。當談到照相的話題，他以很關心的態度要我將
照的相片給他看看，我因為還沒沖洗出來，只有拿照相機出
示於他。他拿我的照相機一面把玩，一面以指導的口吻告訴
一些照相技術上的問題；不料他「好像」「不小心」似的打開
了我的照相機，使裡面的底片爆了光，他立即裝得很無辜的
樣子連聲向我說道歉。可是這個時候整個底片都已漏了光，
又能叫我怎麼回應他的抱歉？算我倒楣遇到了一個職業情報
員。到此時也才領悟到，他所以之全程陪著我，為的要監視
我，怕我竊取情報，甚至還怕我跳機開溜。

第二章　絕處逢生

一、跳　傘

一九六五年一月十日夜裡，在七萬呎的高空，只見皎潔如畫的一輪明月高掛在天空，想應該是陰曆臘月初十左右吧。

1965 年 1 月 9 日與鄧曾喜照於
台北空軍總醫院（次日晚在綏遠「遇難」）

我駕著 U2 在內蒙古上空執行偵照任務，正在如往常一樣，向著大地景物照相時，突然聽到轟然一聲，並見到一團火光在附近閃亮，同時覺得機身已被彈片擊中。雖然尚未爆

炸，但機艙已呈一片漆黑，立刻意識到座機已經受到重創；於是很自然地告訴自己，應該立即跳傘，否則就會人機俱毀。

霎時間做了決定，一扳下降落傘的拉桿立即被彈出了機艙，我也隨即失去了知覺。在幻覺中似乎進入了一種動盪不安的夢境，耳朵裡聽到的只是一些不能成為資訊訊號的嗡嗡之聲。待我醒來，發現自己懸繫在降落傘下面，在高空隨風飄盪，且正逐漸下沉。

根據常識，降落傘設計者為顧及昏迷中的跳傘者無法掌控，所以設計得在跳傘者被彈出機艙後會自動打開。用在像 U2 這種高空航空器上的，當然也會自動張開，然而必須降落到一萬呎以下的高度，才得自動張開。在此時我因而判斷，我這個自由落體應該已經從七萬呎以上的高空往下翻滾了至少六萬多呎；雖然不能確定我當時正在什麼高度飄盪，但可肯定的是已低於一萬呎無疑。縱然在這六萬呎間距的翻滾期間，一切的情形在腦際只留下一片空白，但在此時此刻卻很明確地知道我還活著。

我沒有計算在空中飄盪了多少時間，只知道我終於著了地。那是沙漠地帶，著地時沒有受到強烈撞擊，只有感到一陣腳部觸地的疼痛，那倒也證明我還是有疼痛的知覺。當時沒有覺得在身體上受到什麼明顯的創傷，也沒有遭到地面部隊的攔擊（後來據告，他們曾經搜索了一夜），不由自主地感謝上帝與我同在，慶幸自己能蒙恩得救。

著陸的地方是一片一望無際、鋪滿皚皚白雪的大沙漠，在低垂的夜幕中看不到一點人間煙火，不過對可能有野狼出沒的恐懼感，倒也因此稍為抒緩一些；但隨即要面對的是，

如何能在一片茫茫沙海中找到求生之道？！

　　曝露在毫無遮蓋，氣溫低於零下二十多度的冰天雪地裡，感到寒風特別的無情刺骨；尤其在饑寒交迫之下，覺得絕望、恐慌無助，腦際充滿苦愁，不由得悲從中來。此時只能懇求上帝庇佑，讓我得以脫離險境。

　　我胡亂擁著薄薄的降落傘，帶著因凍致傷的脆弱身軀，佝僂地陷入昏然半醒不睡的狀態。待我好不容易挨到東方發白、曙光初露時，睜開眼睛舉目望去，卻見到在遠處有一個有人居住的蒙古包村落。我歡喜若狂，好像在荒島上望到了陸地，在黑暗中見到了一線曙光樣的喜悅、雀躍。雖然不甘願自投羅網去被俘，但放在面前的卻是我個人存活的希望，至少大可不必活生生地等待餓死凍斃。於是拖著疲乏不堪的身軀，和凍得已經不聽使喚的兩腳，一步步向那蒙古包連走帶爬地蹣跚奔去。

　　走了多久不復記憶，但記得當走近一個蒙古包，見到一位早起準備炊事的婦人正打開爐灶間的門，我迫不急待地跟蹌闖入。當時只覺得一陣昏暈，像個洩了氣的氣球軟綿綿地癱瘓在他們取暖的炕旁。縱然我仍舊尚有點意識，但已經沒有力氣，也賴得去說任何話，而只好聽天由命任憑他們去擺佈、處置。

二、起　解

　　當我踏進蒙古包那一剎那，似乎有「終於讓我逃出了鬼門關」的感覺。此時心情一放鬆，頓時呈現出虛脫狀態，進

而癱瘓了下來。我依稀記得當時只是覺得無力也賴得言語而已，然而後來據旁人告知，我已經是命在旦夕，與死神僅有一線之隔。

這僅僅一小步的跨越，對我，實在是在人生道路上衝過了一大關；卻也給這平靜的蒙古包村落池塘裡投下了一塊從未有過而不算小的石頭。試想，天剛一亮，村裡突然來了我這麼個不速之客，當然會引起一陣騷動。那第一個看到我而驚慌失措的婦人立即向村里幹部報了信，並引來幾名民兵，於是我從此就變成了他們的俘虜。

我對被俘並沒有任何經驗，倒有幾許被侮辱、被踐踏的心裡準備。但出乎我意料之外的是，他們來了以後，只管立即給我換上老百姓的衣服（以免一路上被認出身份），做了些簡單的敷藥、包紮，就送我到了前哨站；在那裡，他們還很有禮貌地給我吃了一頓熱騰騰的食物，卻始終沒有受到任何令人難堪的屈辱。

大約午後兩三點光景，他們派來一輛上面坐了多人（包括醫療人員和負責「押解」的軍方人員）的中型吉普車，將我送往內蒙自治區的首府呼和浩特（前綏遠省會歸綏）。抵達時天色已晚，隨即住進那裡的解放軍醫院，並立即作全身檢查、治傷。

他們派來「照顧」的人，頻頻安慰我，叫我不要恐懼、驚慌，要我安下心來；並表示他們會好好對待我……，始終未見絲毫惡言相向的態度。這倒叫我有點受寵若驚，且頗不自在；也令我十分驚訝、納悶！

後來據我多方觀察，原來那時他們正在實行「三大紀律、

八項注意」政策,「善待俘虜,對被俘者不得無禮」就是其中之一。當然,他們也對我做了一些思想工作,然而,我對於他們對我做思想工作的舉措倒也無可厚非,因為我認為他們只是在負一項應該而最起碼的責任而已。

我並沒有因受「感動」而向他們「投誠」,更沒有陣前「起義」「叛變」的意念與表態,他們對我也沒有這方面的企盼與要求。他們這種種的舉措與作為,似乎很有紀律也很有秩序,令人不由得不對那些我們一向認為的「匪幫」括目相看。

一月十二日,北京派來專機把我接往北京的空軍總醫院,作進一步的處置與療傷。他們給我住進的不是一般的普通病房,而是關在地下室的一間給「特殊」「病人」住的特別套房,當然給予的也是與一般傷患不同的照顧與治療。

住進空總的第一個星期非常緊急,他們發現我經過兩天的折磨,到空軍總醫院時已經近乎奄奄一息;當時的病情是:雙眼嚴重充血、雙腳生機組織因凍傷而將近壞死、脊骨挫傷起坐不得、肩頭及右脅下嵌入許多碎片……情況十分危急,於是立即開始施以緊急治療。

在那特別套房隔室住有四名專事「保護」我,穿著不掛肩章階級的便服士兵。進出的人員都有一定限制,真正知道我身份的,也只有專門小組的負責人員、正副院長、專科主任醫師、專職護理人員等少數幾人;還另有一位大概階級較高的人員「陪」我同室居住。這種種措施的目的無非是「保密」,而不要將我的身份曝露出來,以免發生不必要的紛擾。同時,一方面可能是防止我發生意外,另一方面的可能,還是為了不讓我軍方獲得有關我死活的正確情報。

　　我在如此嚴密「保護」之下，就此與外界隔絕了將近一個月之久。

三、得　救

　　住進北京空軍總醫院的那個特別套房，他們並沒有讓我有喘息的機會，去體味一下那套房的「特別」之處，卻立即把我帶入了身處「急診室」的氛圍，而施以緊急救治；因為那時他們發現我已經是在與死神拔河。

在北京空軍總醫院接受盧俊山醫師治療

　　經過一番「搶救」，待我神智稍為清醒後，據醫務人員告知，我當時之所以會陷於緊急狀態，因為多處的創傷都正在急趨惡化。在同時間發難的許多痛楚，已使我分辨不出到底痛在何處，病灶何在。諸如在我右肩上有許多瑣屑和脅下兩

塊較大的彈片，在此之前我竟然一直都沒有感覺到有它們的存在。

入院後發現我所有的症狀都已很嚴重。除了肩膀和脅下嵌入彈片外，還有眼部充血、雙腳凍傷和脊骨挫傷等，都是由於跳傘所致。起先並不覺得什麼嚴重的癥候，兩天下來都已經在急速發作，再不及時救治，就將回天乏術，至少會變得殘缺不全。

感謝天上父神的眷顧和憐憫，終於讓我在一個星期後脫離了危險期。在這一個星期內他們為我做的幾項急救與治療都讓我記憶深刻，至今不能忘懷。

我的右肩外側所附著的幾十粒碎屑，經醫師很細心地逐一取出並將傷處洗淨、擦上止痛消炎藥，頓時減輕了一些疼痛。至於位於腋下兩塊較大的彈片，因嵌入較深，必須以外科手術予以取出。好在位於腋下空穴處，只刺穿了皮肉而未傷及筋、骨，經取出、縫合、消炎就完成了手術。但是，假若不及時處理，則將繼續發炎而導致潰爛。至今已時過三十又八年，除疤痕還明顯存在，天候變化時，還有些癢兮兮地喚起我的記憶。

我的雙腳，大概在降落時與地面有過碰觸而受了傷；經過一夜的過度冰凍，已經紅腫而麻痺得不能動彈。到了空軍總醫院，被發現兩腳的生機組織已經頻於壞死，若再去遲一步，就只有截肢保命一途。結果，他們不但保全了我的雙腳，居然在過了第二年的寒冬，接著的春暖花開，再加上一個夏天的洗禮，讓我曾經凍僵並將壞死的雙腳得以「甦醒」過來，而且恢復了正常運作，跑步、游泳已經難不倒我。惟不知何

故，近年來在走路時，常常需要調整舉步著地的腳型與姿勢，來減少突如其來的疼痛，以致不但讓別人看得出「跛相」來，同時也不能走得很遠。

　　眼部嚴重充血，也是到空軍總醫院後才被發現。起初因為我未曾照鏡自顧，並不知道眼睛充有血絲；縱然覺得視線有些模糊，總以為是經歷了浩劫、過度疲累後，應有而暫時性的現象，所以並未在意。殊不知這種由於高空跳傘，六萬呎間距的連續翻滾，高空氣流的沖壓所造成的頭部充血，就足以損及腦部神經而致命，至少可能會導致雙目失明。幸虧及時發現，經空軍總醫院裡專科醫師的精湛醫術，用最新的紅外線照射儀器，將充血一點一滴清除乾淨，救回了我的靈魂之窗。

　　最後講到脊骨挫傷問題，開始時只覺得起坐極為不便，到空軍總醫院一經檢查，才發現原來是因為脊骨的第三、四節受了挫傷所致。經過脊椎方面的各種物理治療，過了一陣就幸運地不藥而癒，逃過了會導致終生癱瘓的一劫。

　　在醫院復健、療養期間，當我精神較好的時候，那陪我同住的人，會與我「聊天」；他時常拿出筆記本來記錄我說的話，也有意無意地用他掌握的既有資料來對證我說話的真實性；顯然他在執行他「陪我」同住的任務。他不問的，我可以不說，但他想知道的我不能說假話。我也不能騙他，因為我感覺到大部份時間他只是要從我的「口供」中，去求證他們先前握有的「情報」是否可靠，所以如果我不實話實說，倒反而會變成自尋煩惱！

　　在其間，穿便衣的「守護」兵，常推我到戶外放風；他們不大和我聊天，一方面因為他們都是來自農村的青年，文

化程度有限，無話可「聊」；另一方面可能受到上面指示，不得和我「交談」；怕他們因不懂就裡，不經意走漏「風聲」，讓「有心人」掌握到我是否尚在人間的消息。

　　記得一月廿七日是我們中國的春節，那時特別懷念在台灣的妻小，和尚健在而住在南京老家的母親以及兄妹等家人（被俘不久就被告知，他們的政工已經根據我的「口供」尋到早就斷了音訊的母親及兄妹的所在，但並沒有將我被俘的消息告知母親等人）（從此也可見，他們對戶口掌控之嚴格）。他們為安定我的情緒，備了一些瓜子糖果和應景的食品，要「守護」和「陪伴」我的人與我一同過了個都沒有家人一起團圓的「年」。

　　一天，我正躺在病床上看報，一位空軍軍官手上拿著一隻腕錶推門進來，問我是不是我的？我一看，正是我丟失的那隻錶。這錶是我在美國受訓時獲得的，一共兩隻，一隻給了太太家淇，我留著自用的就是這一隻。

在北京空軍總醫院病塌中

　　睹物思人，不禁想起了家淇，也許那隻同樣的錶現還戴在她的手腕上。以前她總看著錶催促我按時到教堂做禮拜、禱告；每個星期六的晚上都做好菜看著錶，和孩子們等待我的歸來。這錶是我倆之間的信物，更是連結感情的紐帶。

　　我不記得這錶是怎麼丟了的，是在茫茫的原野？在蒙古包那農婦家裡？或在路途上？本來想，為了表達一點微薄的心意，誰拾到的就給誰吧！但一想到它在我與家淇之間代表著如此重大的意義，終於在那軍官一聲"物歸原主吧"的勸告下，將已經向外推出表示「拒收」的手勢變成了「接物」的手勢。重新戴到我手上的這隻錶，發出的沙沙之聲覺得特別悅耳動聽；像一支輕音樂隨著我心頭的喜悅在病房裡迴旋。

　　剛進入空軍總醫院時，幾項同時存在的病症都很嚴峻而危急，經過大約一星期的「搶救」，才度過危險期。再經約三星期的診治和療養，終於在二月中旬出院，隨即被安置到「招待所」去過著被軟禁式的俘虜生活。

第三章　劫後餘生

一、十八年俘虜生涯頭五年

在美國中央情報局（CENTRAL INTELLIGENCE AGENCY）（CIA）的間諜活動中，U2 是專門用來負責「偵照」敵情的飛行器，亦即所謂的「間諜」機（SPYPLANE）。我駕著從事「間諜」任務的 U2，在內蒙古上空遭到擊落而被俘。然而我很奇怪，他們既沒有把我當「間諜」處置，也沒有將我送進俘虜營，卻把我安置在「招待」所裡軟禁了整整五個年頭。

1965 年二月中旬，在空軍總醫院療傷一個月後出院，立即把我送到位於北京東單的空軍「招待」所。在那裡我既不是被招待的賓客，也不是去招待別人的侍者。這招待所好像是有關單位向空軍招待所商借的，一個暫時專門安頓我的地方。至於為何要選擇空軍招待所，顯然因為我是被俘的空軍飛行員之故。

像在空軍總醫院就醫的一個月期間一樣，有四個士兵住在隔室「守護」著我。在招待所的起初四五個月裡，也有一位幹部與我同室「陪住」。原來在空軍總醫院為我診治的陸醫生常來探望我，並為我肩部換藥治療，那個地方又好像是我繼續養傷的療養院。

　　最初一段時間，除了「陪伴」的人員外，根本沒有機會和「外人」接觸。大概他們怕我會對外人傳遞不當「訊息」，也不想讓我對外面的事物知道得太多。更不願讓「別人」有機會從我口中打聽出「境外」消息或我個人身份。然而他們卻有一個看似慈悲為懷的美善托詞說：不要讓我在與「外人」對應時會覺得有所為難。

　　說的也是，嗣後當我能與多人接觸時，的確曾有人好奇心地旁敲側擊「探聽」消息，我總只能假裝沒聽懂而敷衍過去，或根本不予理會，以免步入圈套或真的有悖於他們的期待與意圖。

　　在這五年內，我曾幾次三番試著請求，讓我到南京探望年邁的老娘親，或至少讓我能與母親通個信。雖然他們沒有「悍」然拒絕，但總是「婉」言阻擋、拖延，結果在這五年間始終未能如願以償。至於要想與在台灣的家人聯繫，更是緣木求魚。

（一）被俘期間的民生問題 — 食、衣、住、行、育與樂

　　要為被俘的日常生活起居情形作個稍為有點層次的敘述，就以食、衣、住、行，進而育、樂兩篇作為順序：

1.食的方面：

- 「招待所」雖設有餐廳，我卻不必或不能進去用餐。我的三餐三頓，都是由「服侍」我的人拎著飯盒按時送到。這一措施大概就是怕我到餐廳用餐時，會曝露身份之故。
- 我的伙食待遇一向不錯，在空軍總醫院就醫時是每日 2

元，到招待所後減為 1 元。那時候他們的空軍飛行員每日也不過是 2.7 元，而一個士兵則祇有 0.45 元，幹部也才有 0.6 元。從此可見我享受的伙食至少還算是個高級軍官待遇。

- 有時幹部陪著出遊在外用餐打個牙祭，會更為豐盛一些，多付的錢當然由幹部去「報銷」。

- 後來與他們混熟了，廚師總有意無意在我的份上「隨便」加上一勺兩勺；有時怕當天菜色不合我的胃口，另外炒個雞蛋來給我「加菜」。

2.衣的方面：

- 當我一闖進蒙古包，就由村裡的人為我換上了老百姓的衣服，但是什麼式樣，什麼顏色，因時隔已久已不復記憶。在醫院裡穿的當然是病號的衣服，但到招待所發下的，則是過時很久的，我們所謂的「中山裝」，也等於是他們的「毛裝」；至於顏色，我至今倒還記憶猶新，和他們穿的一樣，是深藍色的。

- 那時大陸正處於「無彩色」的世界，十來億人口正像一堆無數不藍即黑的螞蟻雄兵。

3.住的方面：

- 在空軍招待所，他們給我住的是一間設有套間的雙人房；沒有什麼傢俱擺式，佈置得也很簡單；吃、喝、拉、撒都可以在裡面解決，如果賴得活動你大可成天足不出戶。

- 在五年之內，除東單招待所外，我遷移過好幾處，諸如東

四、月牙胡同等，也是隸屬於空軍總部的「招待所」，被「招待」的模式與規格也都大同小異。

4.行的方面：

要外出，一定會有人「陪伴」；如果陪伴的是士兵，多半是乘坐巴士或騎自行車；若作陪的是幹部，則多半搭乘他的座車來回。

5.育的方面：

教育，可分為「受」教與「授」教。

- 「受教」：他們對我的「教育」，無非是想洗我的腦，進而將我改造。在我的住房內總有兩份當天的報紙一人民日報和北京日報，四本毛澤東選集，偶而也會送些對他們無損的英文讀物。另外，還發有收音機一部，讓我有機會聽到點「牢房」外面的聲音。然而始終未曾見到有人前來特別「說教」，也沒有叫我到什麼地方去聽過課。有時陪我同住或來訪的「幹部」會對我做點「思想工作」，但似乎從未在「成效」方面有所考評或要求。我想這些就算是對我進行洗腦和改造的「毒物」和手段。
- 授教：當然不會叫我這個被俘的「敵」軍，上他們講堂去「授業」，不過當他們在對飛行技術方面作學術研討時，偶而會「請」我去提供一點參考意見。

6.樂的方面：

要在這種只有「煩惱」而沒有什麼「樂趣」的「藍、黑

色的多惱河」裡，成年累月且遙遙無期的待下去，將會變成怎麼樣的一個「人」？實在不敢想像。我發愁、悲觀，卻又不甘願淪為行屍走肉，就只好想辦法在可能的範圍內，找些樂子來自娛一番。例如：找士兵打打乒乓，也可藉此活動一下筋骨；教導士兵（多屬來自農村的憨厚青年，城市裡的事物什麼也沒見過）打撲克牌，使他們能陪著我玩拱豬、接龍等牌戲；到天安門廣場教他們學騎自行車，讓他們能在我放風時，騎著腳踏車陪我去逛大街。

有時有人會主動帶我去參觀北海、人民大會堂，逛天安門，或者看場諸如《東方紅》、《紅色娘子軍》、《白毛女》、《赤道戰鼓》之類樣板戲的歌劇、話劇或電影，那多半由幹部陪著去，因為門票錢他們可以報銷；其實他們也可乘此借陪我之名分享、同樂。

總之在頭一、二年裡，就可在有人陪伴下出外放風、運動、散步、打乒乓，甚或下午逛大街。無論看電影也好，參觀也好，我穿著的總要和群眾沒有兩樣，在人群中的行動，也不讓旁人看得出我有什麼不同。

有一天，工作人員帶著我到軍事博物館去參觀。我們鑽進擁擠的人群中一看，那裡排列著四架 U－2 高空偵察機殘骸。在人群中沒有比我更清楚它們遭遇的了；我知道其中第一架是陳懷所駕駛，第二架是葉常棣所駕駛，第三架是李南屏所駕駛，第四架機身上清晰可見 3512 字號的飛機，就是我所駕駛的。如今，它已折斷了翅膀，摔扁了機頭，斷裂了脊梁，癱在那裡。

當講解員數落帝國主義如何如何的壞，駕駛員如何如何

的不是時，總會響起一片掌聲和罵聲。好在我穿著的是和群眾一樣的衣服，否則當我拍不下手（不願罵自己）的時候，一定會被認出我就是其中之一的駕駛員。若果真如此，那個犯眾怒的場面就太可怕了。

在我的名下也似乎有些零花錢，但上級都交由那些士兵代為保管和支付；上街時如果我要買些零食或牙刷牙膏之類的東西，在旁的「士兵」會掏錢，但都記在我的帳上。若由幹部相伴，因費用往往比較大一些，就悉數由幹部支付後另向上級報銷，而不扣我分文。

那時，我只知道士兵的零花錢是每月 6 元，我有多少並不知道，也從未問過。一直到五年軟禁解除，要將我下放到農村去接受改造的前夕，他們給了我人民幣 140 元，說是我五年來在零用錢中結餘下來的錢，我可以帶在身邊自由支配使用；在當時，那還真是一筆為數不算小的私房錢。另外還給了我 100 元，算是我插隊落戶之初，還沒有「賺」到錢前的日常開支。

在「招待所」住久了，就漸漸和週圍的人打成了一片，除了和他們打乒乓、拱豬、騎腳踏車上大街，也自動地和他們一起參加些輕微勞動，可在我「為人民服務」的帳上記上一筆。

（二）有趣無奈的造神運動

住進招待所的第二年，也就是 1966 年的春末夏初，從報端或收音機裡，總嗅覺得出有股什麼風潮正在醞釀，並不斷在增溫蓄勢。時至當年 5 月 16 日謎底終於揭曉，宣稱「文化

大革命」運動正式登場。

　　從此，前來探訪我的幹部明顯減少，主要原因是他們都要忙於參加「革命」。不過，我固然可以落得輕鬆，但四週的氣氛卻越來越凝重，對於我自己的前途也越發陷於迷惘，不知他們將要如何處置我？當時我也只能靜觀其變，求父神憐憫不要離棄我，且保守我的平安。

　　「文化大革命」的口號和目標既已鮮明，運動的大旗也已揭櫫；在毛澤東的號召下，全國上下都如火如荼地響應起來。尤其在學校裡上課的青少年，因為可藉此不上學而一窩蜂地組織起死心塌地效忠毛澤東的「紅衛兵」，跟隨著他的號召來「破四舊、立四新」。

　　「紅衛兵」是毛澤東手上最有力的「法器」，只要他一聲令下，紅衛兵無不如癡如狂地跟著起舞。「紅衛兵」是毛澤東所造，他們當視毛為神；非但要聽從毛的命令行事，還要拿他當神祇膜拜。

　　紅衛兵們為要對毛表明赤誠死忠的心跡，都想北上「朝聖」；因為吃、住都會有人解決外，還可免費乘坐一輩子都可能坐不到的火車。只要夠能到達他們數代祖先都想去卻無法如願的北京，就可算是一樁可以光宗耀祖的頭等大事。

　　一時風起雲湧，紛紛串聯起來要上京「面聖」。毛澤東經不起百姓們要將他「神化」的誘惑，居然在八月十八日很「神」氣地站在天安門城樓上顯身，接受了第一批成千上萬紅衛兵的朝拜。

　　由此激勵了全國各地的紅衛兵，以能北上遙望一下毛澤東身影，就可死而無憾的為他而死。他一次接一次地現身，

一股甚於「宗教狂熱」的運動不斷在全國各地掀起，偌大的中華大地都變成了紅衛兵世界。

這場驚天動地的大運動，幸虧始終沒有波及「招待所」，他們沒有來「革」招待所裡「賓客」的命，也沒來算我這「敵人」的帳，否則我的下場就會不言可喻。招待所方面既然將牛鬼蛇神摒擋在外，使賓客不受騷擾，當然也不希望住客出去「滋事」，尤其是我，為確保我的安全，更不能讓我拋頭露面去「串聯」。不過招待所裡的工作人員參與造神、拜神的，在我周圍卻比比皆是，好在他們大概是奉到上級指示，始終未對內部發動鬥爭。我既得以幸免於難，也就樂得隔山觀虎鬥。

我因身繫囹圄，所見所聞不廣也不全，對這場史無前例的浩劫實在難以瞭解，更無以作深一層的剖析與評論。不過以井底之蛙的視線，見到在附近相繼上演的幾齣鬧劇。

「破四舊、立四新」是這場運動的表面主題。所謂「破四舊」就是舊時代的東西都不能留：例如當年用喜帳之類的料子做成的衣裳或被面等，因為上面都有舊思想的圖騰，不能留；美麗的窗簾、紅木傢俱都代表豪門或剝削者的象徵，不容許在共產社會出現、存在；經典文學、文藝作品等多屬反動思想的產物，必須清除；私人收藏的字、畫、神像甚至祖先牌位都隱藏著封建思想，沒有存留的餘地；西裝革履，乃至一切洋人習俗所用的物品，都屬帝國主義的遺毒，必須消滅；……。我戴的航空手錶壞了送去修理，因為它為「美帝」製造，錶匠看都不看一眼當場就拒絕了我。

這些「舊東西」，除了特「好」的被搬走「充公」而不知去向外，其它的都要付之一炬。因為在千家萬戶裡，不是這

就是那，或多或少都會有一些，累積起來不計其數，不能一次「抄」完，也不能一次燒完。所以大街小巷，天天都能聽到「焚燒典禮」時的敲鑼打鼓、高喊口號的聲音。從報紙看到或從收音機裡聽到更多這樣的消息，有的大戶人家被抄出的「舊東西」實在太多，像這些大戶單一家就得燒上不止一天。這一場野火一波接一波的「燒」遍了中華大地，且延續了許久。他們非但要燒這許多舊東西，還要將這些舊東西的物主揪出來掛牌定「罪」、當眾羞辱甚至入獄。

在那段時間，招待所的員工們對我都相安無事，日子久了我也就和他們打成了一片。在這場運動中，他們個個都要參與學習；我沒有受到「邀約」可以不去，但總是有些「置身事外」、被邊緣化的孤獨和不自在；於是我也自動加入了他們的「學習」行列。

所謂「學習」就是要向毛澤東像晨昏定省，亦即「早請示、晚彙報」。每次像大家一樣，手拿小紅書揮舞著向毛像打躬作揖三敬禮，嘴裡還要念著毛語錄。這是每人每次都要演出的一齣戲碼。

在學習中，有時還要唱歌跳舞以娛「毛神」；唱的是諸如 '東方紅' 歌頌老毛的歌，跳的也是頌讚他的 '東方紅舞' 和 '忠字舞'。學習中最具體的忠誠表現是做毛澤東的像章和刺繡毛澤東的像頭。

我因為只是要和他們在一起打發時間，也依樣畫葫蘆地做上一兩個簡單的敷衍了事；其實也根本沒有人對我有所要求。

他們每次做像章或刺繡毛像，一旦開始就得一口氣完成，否則就表示不夠虔誠與忠心。有時設計得比較複雜的，

做起來比較費時，但一旦開始做，即使做到深更半夜甚而東方發白，也要一口氣完成才肯罷休。

當時，佩帶在胸前的像章固然全民流行；如你擁有上面刺有毛像的布包、手帕甚至衣物，更是為人稱羨的時尚。

因為大多數人本來就無所是事，吃的又是大鍋飯；既然做像章刺毛像，不但可以消磨時間，又可表明"忠誠"心蹟，於是「造神像」變成大家「學習」時間的主修功課。由於大家做大家有，個人的巧思又有限，同樣式樣的東西做多了沒有意思，於是有人興起「交換」意念。先是從家裡成員開始，因為每個家人做的都各有千秋，胸前戴滿全家所做卻大異其趣的像章，是多麼神氣有趣。家人少或單身在外的個人不甘示弱，各自做了許多具有自己特色的，拿到大街上或「交易」場去與陌生人交換。這樣到外面跑一趟回來，他就儼然成了個胸前掛滿「勛章」的張大帥。

這些戲碼的演出，人們看起來也許很「有趣」，但對善良老百姓的被愚弄，又會感到百般的「無奈」！

二、十八年俘虜生涯次五年（勞改在農村）

（一）釋放、下放，不解放

時至 1969 年，「紅衛兵」已經完成階段性的「革命」任務，各級學校又一時無法復課讓他們上學，為了不讓這群既無文化又無生產技能的青少年們到處流竄生事，中共第九次代表大會就通過決議：將千萬的紅衛兵分散到全國各地鄉村

去接受勞動教育改造。我也就在 1970 年三月結束了為期五年，只消耗不生產卻被「招待」的軟禁式生涯，和他們一樣被下放到農村接受改造，開始了自生自滅且前途茫茫的流放生活。

70 年 3 月初的一天，他們空軍的一位首長來到招待所向我宣佈說，由於我「認罪」態度和「悔過」表現，人民政府決定寬大的把我釋放了；並對我說，我從此就是中華人民共和國的公民，可享有公民應有的權利；同時已安排我回故鄉南京近郊農村去當一名「社員」；最後還補充說：這個決定都是周恩來總理親自批准的……云云。

我雖然口中感謝「隆恩」，實際上我對這道「聖旨」的突如其來，倒有些錯愕，也帶來許些惆悵。我已被軟禁了五年，被「招待」得好像泡在溫水裡的青蛙一樣舒適平靜。我當時唯一急切企盼的，是真正放我自由，好能與我的親人，尤其在台灣的妻小重聚，可是現在雖然說是要「釋放」我，卻仍然不能讓我見得到朝思暮想的家淇和子女，實在令人覺得無奈！

（二）遣送、插隊、落戶

第二天我正在收拾行裝，管理員來到，他遞給我一疊人民幣，我先是一楞，他接著解釋說：「老張，這是二百四十元人民幣，你點點。一百四十元是你這幾年生活費的節餘，一百元是政府發給你的「安家」費，帳目都在這兒，請你過過目」。此時不知怎麼想起在台灣時，每次完成到大陸偵照任務後，隊長總扔過來一疊厚厚的鈔票，在那時候我還嫌太

少。而今從管理員手中接過才二百四十元人民幣，倒感到是沉甸甸的。在當時，這算是一個不小的數字。

三月十二日，我告別了照顧我多時的主管和工作人員，在一位幹事和一位士兵（都身穿便衣）陪同（押送）下，乘上開往南京的火車。列車在遼闊的平原奔馳，車廂內外的一切都打動著我的心扉，喜悅、興奮、心酸、思念、惆悵……一下都湧上了心頭，複雜的心情可說是五味雜陳。同時又想到，如果鄉親們知道我的過去，而現在又是個俘虜，他們會如何對待我？……想到這裡我的心情不由得又沉重了起來。

到達南京車站下來，他們就把我帶到南京的空軍軍區，辦理了遣送移交手續。先在軍區待了兩宿，再由那裡的人陪同我到雙閘公社五星大隊馬前生產隊去報到。因為全村都是原來的居民，且全數都已編入了「生產隊」；我之來到，就等於是當時所謂的「插隊」又「落戶」。

我到達村子時，鄉親們雖然並不認識我，但在好奇心驅駛下，都放下手上的工作到村口來迎接我；老大爺、老大媽、婦女、小伙子們的臉上都帶著農民特有的憨厚、淳樸的笑容，和說著我已經很久很久沒有聽到的濃郁南京鄉音，令我感到格外的親切。當我也用道地的南京鄉音作回應時，他們立即聚攏過來，歡迎我回到闊別且遠離了長達三十二、三年的自己家鄉。從此，我就變成了「馬前村」的一份子。

因為我是「插隊」進來的，在這個生產大隊裡不可能有原來的住房；所以在我到達之前，就由生產隊的鄧副小隊長家騰出一間房，好讓我暫時安頓下來。當我推開門一看，發現鄧大哥已把那給我住的那間房打掃得乾乾淨淨，桌椅、板

凳、木床、木櫃、鍋碗瓢盆也放得井井有序。牆角還放著水桶、扁擔、鐵鍬、耙子等生產工具。鄧大哥對我說：「這些生活用品、生產工具是政府撥款為你添置的，另外還撥來七百元建房費；等料齊備了，鄉親們再為你蓋新房。吃飯的事你也別為難，就在我這，想吃什麼叫你大嫂做……」。聽他這樣一說，原先我在吃、住方面的一切憂慮與煩愁就一掃而光了。

2004 年 6 月重回生產隊探訪

（三）兒郎探母

1.情　怯

既然插了隊也落了戶，生產工具也為我準備得妥妥當當，第二天就在小隊長指令下跟隨著大夥兒到附近的大渠溝去挖污泥，消滅在當地施虐已久的吸血蟲。因為大家都幹得

很起勁，我本有想到城裡去見母親一面的念頭，在此種情景下一時沒有好意思說出口來，次日還是扛著鐵鍬，挑著籮筐去幹活。當天日落歸隊，村裡管事的告訴我，我大哥從城裡來看過我，因我出外勞動，未能相見，只好悵然而回了⋯⋯。他們見我一臉懊惱、悵惘，連忙很友善地給我安慰，讓我明天就進城去探望母親和家人。

　　"家"，八歲就離開了它，三十三個年頭後的今天突然要我回去，心裡還真有些怕。除了不敢想像現在的家會變得怎樣而怕，要我獨自前去，肯定摸不到方向也怕。我高興、亢奮，卻仍然掩蓋不住我面現怯色。善解人意的幹部立即補上一句：「明天會有人陪著你去」。

　　這一天終於來到，明朝就可見到親娘。當晚過於興奮，翻來覆去就是睡不著，整夜憧憬著明天與母親相見的光景。母親，她今年應該到了古稀之年，頭髮白了多少？腰有沒有彎，背有沒有駝？仍然耳聰、目明嗎？牙齒還咬得動炒蠶豆嗎？她還為晚輩們做拿手菜 —— 紅燒鴨來吃嗎⋯⋯？喔！二十七年前從重慶離開她到幼校報到後，就沒有再見過面，也不曾有過片紙隻字來往（母親沒有上過學不識字），我不知道她的一切，只能在想像中描繪著她，但不知道她是怎樣猜想著我？明天相見的場面，我真耽心她的心臟會不會承受得了？⋯⋯。我迷迷濛濛好像是睡著了，否則，枕頭套如此之濕怎麼會全然不知道？

　　當陪我的人帶我來到英威街，我就回憶起那三十三年前曾經住過的房子；我沒有直奔而去，卻放慢腳步躊躇了一會兒。我既高興又羞怯，輕輕推開虛掩的大門，門吱嘎一聲，

裡面問「是誰」的居然就是媽的聲音，當我回報說：“是小三，立義”，舉著雙手迎面而來的就是我的媽。當時，闊別二十七載的母子二人並沒有站住對彼此端詳一番，那霎時間的詳情細節激動得無法留下記憶，待稍為鎮靜後，只記得母子二人正在相擁而泣。母親怪我要回來為什麼不給她捎封信，我回答說：「馬前村離家只有三十來里路，既然得到有機會可以回來，與其要拿“信”到不近的地方去“寄”，倒不如馬上自己送來來得快，因為我急著要看您呢！……」，她當然理解這個道理，其實她並不是責怪我，只是想說，事情來得如此突然，害她一點心理準備都沒有。

2.慶團圓、憶往事

陪我來的人見到任務完成，母親請他吃過午飯後，就逕自回隊去了。到了傍晚，大哥大嫂、二哥二嫂、伯父伯母和侄子侄女，除了遠在重慶工作的妹妹，一家親人全到齊了。像這種重逢、激動、歡愉的家庭喜慶情景，若不是身歷其境、置身其中且親自體驗，是很難以形容或言傳的。

整個下午，一家十來個人，都沉醉在歡樂聲中，最高興的當然是媽媽。她將晚輩們推出廚房，獨自忙進忙出，在有限的物資條件下，做了一整桌的菜。桌子正中是一盤沙鍋煨的，香氣誘人的紅燒鴨。這是我幼少時最喜歡吃的家鄉菜，母親還沒有忘。二十七年前，在重慶離開母親到空軍幼校去報到的那一天，她為我燒的，也是我終身難忘的，就是紅燒鴨，而那是我所餵養的四隻鴨子中的一隻。

不記得是多久前，我參加了空軍幼校的入學考試；考後

不久因為沒有消息，就將它置諸腦後，連搬了住處也懶得去通知更正。一天，在大哥的臨時住處，母親臥病在床，我正爬在樹上嬉戲，突有空軍幼校來人造訪，說我考取了而久久未去報到，要我立即前去報到。並說，他們所以之如此千辛萬苦非將我找著不可，是因為我考上了榜首，假使放棄不去太可惜云云。

　　才大我五、六歲的大哥放下手上的工作，沒有來得及稟報母親一聲，就匆匆地陪我跟著來人趕往重慶城裡報到。孰料一到那幼校聯絡處就被告知，明早就要啟程趕赴設在成都的校本部。因為往返我住處必須經由擺渡、步行等，頗為難行、費時，為怕我趕不上一早就要啟程開往成都的車，我必須留置在那裡過夜。

　　大哥見狀立趕回住處為我收拾行囊，主要的還是要向母親稟報一聲。在病中的母親得悉此事，非常痛心、不捨卻無奈，立即打起精神下床，從由我所飼養的四隻鴨子中挑出一隻，殺了，煮了要大哥馬不停蹄地，在晚上開飯前趕到幼校聯絡處。在他們餐廳裡，我兄弟倆流著淚，吃了那隻由媽媽在病中親手煮的紅燒鴨。天哪，那時我才是個十三歲的娃兒，這頓紅燒鴨吃的是什麼味道只有天知道了。

　　沒有想到這未和母親說聲「再見」的一別，居然帶著紅燒鴨滋味渡過了廿七個年頭。現在還真的「再見」了，當我在和全家，尤其有大哥同桌歡聚下，再一次嚐到媽媽親手烹飪的紅燒鴨，是如此之開心，是如此之美味！禁不住要感謝上帝的憐憫與恩惠。

關別二十七年終於見到了老娘親

（四）春暉永照

　　拜見到了慈母，享受到了天倫之樂；在“娘家”住了一宿，第二天吃過晌午飯後，就到位於江北大廠的二哥（任職於南化工廠）家，在那裡也耽了一夜。第三天回到老家；當晚母子二人整夜都回憶著往事，並傾訴著別後二十七年來的思念之情。

1.憶往事

　　當年，倭寇住南京大舉屠殺，父親成了他們刀下冤魂後，母親拖著我們兄弟三人和妹妹，隨著難民潮向大後方逃亡。一路上的坎坷、苦難，實在難為了一個帶著四個年幼兒女的弱小女子。

　　在武漢受阻停留時，聯絡上大伯所任職的軍醫單位。母親經由大伯關係，請求軍醫署收留了才十四、五歲的大哥，

並給他補上了一份缺。我們一家也就可以以眷屬身份隨著軍隊轉移。

一路上經過長途跋涉、穿山越嶺，歷盡千辛萬苦，到了廣西桂林，又因前途受阻而停住；母親當時已到了筋疲力竭，難以為繼的地步，遂又將才十三來歲的二哥交託給了軍中充當幼年勤務兵。

從桂林開始，母親帶著妹妹和我搭乘軍醫署載運物質的大卡車繼續前進，大哥則隨著部隊以行軍方式朝向重慶轉移。經過千山萬水、顛沛流離，終於民國廿八年我們一家人都相繼到了政府的臨時所在地，後稱陪都的重慶。雖然二哥因隨著駐軍不和我們住在一起，但一家人居然在逃亡途中失散後，又能在斯時斯地會合，不能不說是上蒼的庇佑。

重慶，對母親來說，可是個完全陌生的異鄉客地。在那裡舉目無親，無依無靠，大哥的待遇又十分微薄，她只好在忙碌操持家務之餘，出外做些零工來維持生計。

在我十三歲的那年，位於成都的空軍幼校到重慶招收小學剛畢業的新生。由於當年在所有軍公教機關中，空軍系統是人人嚮往的公家單位。在空軍各級學校裡的學員生活似乎要優於其它兵種，前途也是一般莘莘學子所嚮往的。同時，"幼校"的教育程度與普通中學相比並無軒輊，且能增多些航空知識和軍事訓練。如能進入空軍幼校就讀，非但可有良好的教育和管教，又能讓我脫離當前的艱苦生活。

既然小學畢業必需進入中學，而進幼校又可一舉數得，家人都認為我應以投考幼校為首要目標。但當母親想到我必須到成都去住校，捨不得我離開她的視線，同時又怕我吃不

起軍事訓練的苦，一度遲疑難決。後經眾人苦口婆心勸說，並告知她，成都離重慶並不太遠，可以時常前去探望，或我會有假可以回家。經過她權衡再三，終於首肯讓我前去一試。我也就不知天高地厚、懵懵懂懂地去參加了考試。

在我參加過空軍幼校入學考試後，遲遲不見發榜，本身又沒有急切的渴望，時間久了也就將此事置諸腦後，忘了。幼校不去就準備上普通中學，母親心理也豁然覺得輕鬆許多。孰料，那一天，母親正臥病在床，而我正爬在樹上嬉戲，突然幼校來人找著了大哥，說我考上榜首為何不去報到，要大哥立即送我去城裡辦理報到。我就這樣像被拘提的人犯一樣，沒有來得及和病中的母親說聲再見，被帶離了家。沒有想到，母子「再見」已經是二十七年後，我已年屆四十，母親也已經是六十又八了。

2.思　念

我的「不辭」而別，害得病中的母親非常痛苦且無奈，時時牽掛著我會不會自己料理生活起居，會不會著涼受凍，能不能吃飽睡夠，懂不懂洗滌換衣……，天天都在念著，更盼望探望的日子快點來到。可是造化捉弄人，等了許久，母親始終未能到成都來看我一次，我也未能回到重慶探望她。接著抗戰勝利，母親跟著政府還都南京後，更是天南地北難以見面了。然後由於內戰關係，幼校幾經播遷，最後落腳到台灣東港。起初，雖然見面幾成絕望，但還可轉輾知道些彼此的信息，然而到整個大陸變色後，由於當時雙方壁壘分明、形勢對立，在通訊方面，一邊是滴水不漏，一邊是密不通風；

一方怕被戴上"匪諜"紅帽，另一方怕被披上"國特"外衣，因而和母親的聯繫就澈底中斷。多年來母親只知道我大概在空軍服役，而並不知道我擔任什麼工作，也不知道我的生死，但是時刻在為我祈禱，希望有一天再能見到她的三兒，我。

3.母愛的補償

　　母親聽了我在被俘之前一路順利走過來的情況，雖然感到很寬慰，但總覺得在我的成長過程中，她虧欠我一份母愛。尤其如今我受傷被俘，死裡逃生，且要接受勞動教育改造，她擔憂對一個從來（甚至包括被俘後頭五年的軟禁期間）總過著優裕（比當年大陸人民）生活的我，會吃不起這個苦。她為我痛心，為我叫屈，更為我憂愁。

　　自從我回到生產大隊後，母親一直在為我不會煮飯洗衣、操持家事而擔憂。她前思後想，認為與其空愁不如訴諸行動，打定主意要到馬前村來照顧我。

　　一天，我正獨自拖著滿載大糞的板車從十幾里外回來，在半途中，看到一輛長途客車，駛近位於離馬前村尚有四、五里之遙的車站停住；我心裡正在想，裡面會不會有我的母親？就在那時但見一個身背大包小包，手提大籃小籃的老婦人很吃力地下得車來，我走近一看，那不就是我的媽嗎？這突如其來而毫無心理準備的"撞見"，由於我正手拉著糞車，叫我十分不自在，我暗自抱怨叫屈，怎麼能讓母親見到我這副窘相？母親也因此愕然、心痛不已。我尷尬地站在那憨笑，她卻淚水盈眶地看著我。在車站稍為站了片刻，母親跟在我後面亦步亦趨地走了四、五里，回到馬前村，我的住處。

　　她的來到為的是為分擔我的勞苦。她帶著她自己的口糧，還帶來雞鴨和蛋，和我喜愛的食品。非但盡量以不損耗我的物資為原則，還多帶些來補充我的不夠。她為我煮飯洗衣，打掃衛生和飼養雞隻，多下時間則縫縫補補，一天到晚忙個不停，為的是不要讓我受更多的苦。因為住在鄧大哥借給我的房子，空間有限，母子兩人只好擠在一張床上，一直耽了兩個月後，才依依不捨離開我而返回老家。村裡的左鄰右舍無不被這樣偉大的母愛所感動，她贏得全村大眾的尊崇和敬愛，是她應得的榮耀光輝。

（五）勞動改造

　　插隊落戶到馬前村之初，他們不知道我是開「美帝」間諜機 ── U2 的，但稍微知道我是被俘的「蔣幫」空軍飛行員，認為我以前過的一定是美式生活，很擔心我在農村過不慣，甚至怕我不會拿筷子而商量要如何為我準備刀叉等餐具。從此可見當時鄉親們對待我是怎麼樣的心態。

　　在來馬前村報到之前，我對即將面臨的生活起居問題的確很擔憂，沒想到一報到，我還沒來得開口，鄧大哥就立即為我解決了住和吃的問題，而沒有讓我一上來就抓瞎。否則叫一個向來養尊處優，就連被俘的頭五年期間也被「招待」得舒舒服服的留美飛行官，我，如何著手開始我的勞改新生活？還有那些已經放在我住處，以前從未觸摸過的各種「生產工具」，要不是鄧大哥細心教導，還真不知道如何駕馭它們，拿它們來成為能夠「生產」的工具呢！

1.苟且偷生

　　過了不久，生產隊用政府發給我的七百元造房費，趁鄉親們比較空閒的時間，真的幫忙為我造了一間住屋。從此我有了自己的"家"，也開始學習燒飯煮菜來解決自己吃的問題。起初，從起火燒柴煮飯到洗鍋、洗碗收拾殘局，在我說起來，簡直比飛 U2 到大陸去出趟偵照任務還要不輕鬆。現在回想起來，真還不知道當年是如何胡亂地將肚子填飽的。

　　由於當時物資缺乏，配給的口糧都有一定限制，能夠吃得飽就很滿足，根本說不上有沒有「下飯」的「菜」，更談不上好壞；經常配上一些「鹹味」（包括鹽水）將白飯送下肚就算吃完了一頓飯。鄉親們見我剛來自「招待所」，身體又健壯，所需食物可能比較多，怕我挨餓，常有村子裡的大媽大叔拿他們所剩下來的糧票，來補充我的不足；也拿他們自己園子裡種植而有餘的青菜，或自己雞隻所生的蛋，送些來讓我下飯、加菜。

　　稍後，既然有了我自己的「住宅」，我也學著在我住房前的一小塊「自留地」上種些青菜、蘿蔔或者豆類，養些生蛋的雞隻，這算是我當時的副業。雞隻生的蛋，捨不得吃，可以拿到市集去賣，賣得的錢換些日用必須品。但是雞鴨不許養得太多，因為養多了會消耗太多人吃的穀物，所以通常一家只許養上一兩隻。

　　因為我自以為情況比較特殊，會自我憐憫地讓自己偷偷多養幾隻。有時一窩孵出好幾隻，先後孵出兩窩，就會飼養上十幾二十隻之多。然而，經常只會同時留下三五隻健康的

母雞，讓它們為我生蛋；其它公的或已經不大會生蛋的老母雞，就陸陸續續拿到市集去換點錢，或宰來自己吃。

允許做買賣的市集多半設在城、鎮裡面，它屬於非農民，而是資本主義的交易場所，我等「農民」進城可以，但不能拿東西去賣。有時當我拿些雞隻、蛋或自己園子裡採收的毛豆去賣，要不是被視為「非法」，就是被阻擋在「關」口外面不讓進入。幾乎每次都要像走私犯一樣躲躲藏藏、偷偷摸摸才能混得進去。有時會逼得繞道到比較遠的另一個市集去試試運氣。

那個期間，在吃的方面樣樣都得有「票」，糧有糧票，油有油票，逢年過節才能吃得到的豬肉，也只能憑票才能買得到。數量有限，想多買一點，如果沒有票，有錢也絕對買不到。

後來聽人說，那時在境外的人總拿 “大陸老百姓不顧「健康」挑肥豬肉或豬油製品來增加油水” ，來譏諷、形容他們的窮和可憐。其實那時的豬隻都很瘦，肥肉不多油也不多，因為只要能「餵」人的穀類，都不得拿來養豬，怎麼叫它們肥得起來？到農家或城裡收集來的餿水，因清淡得豬隻不願進食，常常要在上面加些豬以為可吃的偽裝品，來矇騙它們進食；如此這般養大的豬，怎麼叫人不揀「肥」的來吃？其有限的「肥油」更是要拿來當補充食油不足的珍品。

以上是我在勞改期間有關「吃」的光景，至於在「穿」的方面，說來也是一肚子的酸楚。

本來從空軍招待所帶來的衣物就不多，且都已陳舊；到生產隊不久每件衣服就得修修補補，到後來更要在補釘上加補釘。穿髒了，汗臭了，只能到河水或池塘裡漂一漂拿起晒

乾再穿，不敢用力搓洗。因為用力洗滌，不單會有損衣料，還怕會使整件衣服破碎得不能再補、再穿，實在捨不得！所以平常在外面勞動做工，即使在大太陽底下或颱風下雨，經常除了一條褲頭（底褲），能不穿衣裳就不穿，那也是因為捨不得將衣服磨損！

政府每年會配給一丈六尺布，那也是以尺、寸計量的「票」，如要做衣裳還得用「錢」才能換得到「布」。每年拿這些有限的布頭，做了些用來更替破爛，或遮體、保暖必需的衣服後，根本就再無法做套像樣的衣服。其實，做了新衣也不見得捨得常穿。

一個生活條件一向優裕的留美飛行官，我，猝然到了如此這般的境地，簡直像是從天堂摔到了地獄。那段時間，我的體重從一百五、六十磅掉到一百二十多磅，且過著如此艱苦不堪的生活，現在回想起來，連我自己都不敢相信是如何熬得過來，而到現在七十五歲還活著。

2.勞動歷練

既然插隊落戶到「農村」來接受勞動改造「教育」，就得向廣大的農民群眾學習如何做個「農夫」，來賺取工資糊口。可是，要將一個現已屆不惑之年，體力大不如從前，而原來只知駕飛機上天飛行的我，活生生改造成成天在田地裡持久勞動的農夫，實非易事。

雖然童年是在農村度過，長大後也見過農村，可是對於農業「技術」卻是罔然無知。我不會播種插秧、收割打穀，也不會種菜、施肥，在農村裡我只能算是一個「次等」農夫，

做些諸如挖泥土、挑輕擔、拉板車等，一般婦女就能以勝任的工。一般農「夫」是以 10 分工計酬，農「婦」則以 9 分工計酬。我既與婦女「同工」，當然也只能與她們「同酬」。

到隊不久，生產隊分配到一部手扶拖拉機，在當時算是新出產的「機械化」農業工具。隊裡認為我是開飛機的，當然就分配給我來使用這部「機器」。雖然我沒有接觸過，更沒有駕駛過拖拉機，但要開動它駕馭它，倒沒有多大問題。可是每次都得用很大力氣轉動搖柄才能發動，尤其當要拿它去翻土、耕地或出外擔負運輸作業，更是需要很大的體力來操持它。由於我年紀大而體力不濟，對這吃力的工作不勝負荷，以致不久這個「重」任就交由村裡的小伙子們去承擔了。

有時候得到隊上派遣，揹車到城裡去收取餿水回來當飼料餵豬，來回要走 25 公里路。不過每趟可得兩毛五分錢的「誤餐費」，午間能在半途上吃碗素麵充飢。早上七點出門，下午三點才能回到隊上，回隊後就不必再幹活，倒比留在隊裡要一整天都幹活來得輕鬆一些，所以這種「出差」也算是他們對我的一種「照顧」。

在大農忙季節，為要完成生產目標，每天都要幹上 18 小時的農活。從清晨摸黑起床幹起，晚間還要加夜班趕工。夜班分為前半夜和後半夜兩種，由大家輪流擇一當值。

在冬季農閒期間，有時生產隊負有為公社開河的任務。開河工作非常辛勞，每天穿著單衣薄裳，赤著腳，在要開的河床上挑泥、挖土。白天，不論是風吹雨打或是冰天雪地，都得照幹不誤。因開河地點往往離馬前村甚遠，必須在外借住其它農家，晚上總是只能在僅僅加墊稻草的地上睡覺。

3.勞改後期生活拾零

　　從一個被「招待」的環境中，跑來接受勞改，在生活方式和生活條件方面的驟然劇變，對我確實是生命的嚴峻考驗與挑戰。不過人，大概總有與生俱來的存活彈性，經過三年的苦煉與承受，發現我也能和週遭的鄉親們苟延殘喘地活著，且在無奈中漸漸習慣於在這個大時代的悲劇裡，扮演起一個隨波逐流的角色。同時也開始覺得，我比當時的其他廣大農民群眾還活得好些，因為馬前村的鄉親父老都在幫著我活下去。當然，縱然我對這個世界感到百般無奈，但終究也算是能夠適應了。

　　說也奇怪，幾年來工作如此辛苦，生活條件如此簡陋，且營養又如此之差，居然很少生過病。只有一次不知原由地突然發起高達攝氏 40 度以上的高燒不退，不得已跑到公社的醫院裡吊了半天鹽水，回到住處喝了一碗熱開水，晚間睡上一覺，第二天早上起來居然就照樣參加勞動了，足見我也已被磨練得如此之粗、賤。

　　我既屬生產隊的一員，和其他隊員一樣，都得論工計酬。我一年能得 3100 工分，可換人民幣 250 元；全年扣除生活所需，還可有 130 元的結餘。每個月零花掉三、五元後，逢到過年時還能拿得出 30 元來孝敬母親。

　　因為我有自己的住房，自然有房前的自留地可用來種些蔬菜和豆類，並可養點雞隻。我種的多半是黃豆，因為除了可有新鮮毛豆吃，等它們成熟後，還可收起來留作他種吃法。每到過年時我會拿一些去研磨，請人做成豆腐；帶上四、五

十塊回家孝敬母親和餽贈親友,都很受歡迎。因為住在城裡,平常日子是很少買得到豆腐,過年時雖然買得到,但也必須憑糧票,況且數量很有限。所以過年給親人們送些自產豆腐,可算是既經濟又實惠的年禮,給、受雙方也都皆大歡喜。

三年過後,我和村裡的幹部與鄉親父老都相處得很好,並得到他們的信賴和愛護。他們不再給我做過於勞苦、吃重的工,由於我懂得一點機械常識,就只讓我看管、維護生產隊裡的抽水機。後來根本不讓我再幹粗活,而只叫我擔任生產隊的計工員,並掌管度量衡。為農

1982 年得知可離境回台時
回到馬前村與鄉親們辭別

民計點計分,分配糧草、稻穀,得到全村鄉親的高度信賴和好評。每年年終還被評為村裡的三好份子。全村子不論父老、大媽大嬸、兄弟姐妹們,對我都很友善並且樂意和我接近;在農閒時,幼年的孩童們都喜歡來和我嬉戲、玩耍,對孤單寂寞的我是莫大的慰藉。在馬前村裡的這股溫馨氣氛,至今還難以忘懷。

三、十八年俘虜生涯再五年（勞改在工廠）

（一）畢業、轉業、就業

　　從 1970 年 3 月起，到農村接受「勞動改造教育」以來，在各方面似乎都有長足的進步和成效。五年後，由空軍總部派員前來馬前村對我作一番了解和考核，肯定了我的成績。認為即日起就可以停止農村改造教育，而要將我調離已經熟悉了的馬前村。遂於 1975 年的 6 月，結束了我在馬前村五年三個月的勞改教育，而被調到雨花台區，上新河鎮的南京鋼套廠（大集體工廠）工作。那是個製造農業機械的工廠，剛調去時，在那裡只是當一名三級工的工人。不過，從此在生活方面得到安定和改善。

　　一到那裡就住進一棟新落成的三層樓職工宿舍，兩人合住一間，陪我同室的是一位年齡與我相當的共產黨員工人。由於廠裡有食堂定時供應膳食，我就可不必再為張羅一日三餐而忙碌。每月我可得 38 元出頭的工資，另外還配有工作服。每月的伙食費僅為人民幣 20 元，由此，每月可省下 5 元送給母親零用。

　　在工作方面，因為我在工廠裡沒有什麼技術與經驗，所以只被派為一名「無專長」鉗工，跟隨老師傅作些助手工作。一邊工作一邊學習，進而學點認圖紙、打鑽孔等鉗工的基本技術。

　　我們是個具有各種工作母機的大集體工廠，也就是不需外廠支援就可以配合組裝、產製出農業機器的綜合工廠。但在那個時代，無論技術或設備都還處於半自動狀態，沒有一貫作業的流線型生產線。所生產的零組件，也因手工多於自動，難能有一個統一的標準規格。一部在工廠邊修改邊組裝，方可試車運作的機器，待經拆卸運送到農村，再行組裝時，

常因零組件的不標準，當一枚螺絲裝到和在工廠試機時的不同位置時，就不一定能順利組裝成功，所以我們這些「技術」工常會被派到遠在江北的農村去作「技術」支援。同時，這些生產水準不高的機器，使用不久就會發生故障，也因零組件的不標準，必須派遣技術工帶著工具和零組件，前去作現場修改（如銼、鑽）以排除障礙，常常一去就是數天。

　　剛進廠的時候，我們生產一種小型割稻機。因剛才推出，質量和技術都還不過關，農村用戶經常來信批評。廠裡為應對這些問題，成立了一個攻關技術小組，我也是成員之一。我們在一起研究磋商，解決了不少技術上的難題。但是，發動機的功率總達不到理論要求。為了要找出癥結所在，我和攻關小組的同事們常開著割稻機到農村幫助農民割稻。頭頂似火的驕陽，腳踩沸騰的水田，一天割稻三十多畝，以仔細觀察發動機的情況，這樣，我們才能為改造發動機取得有價值的依據。在工廠的幾年裡，人們都說我是＂技術迷＂，為了搞通一個問題，經常加班加點；每當和同事搞通一個問題，我都會感到很高興快活。一九七七年、一九八○年我還連續被評為先進工作者、三好份子，出席南京雨花台區工會積極份子代表大會。

　　後來廠裡產製農村用的刈晒機（手扶刈稻機），有許多知青上調來廠工作（原來的紅衛兵從農村上調過來），我被派擔任他們的副班長，和他們一起裝配刈晒機。我和他們相處得很融洽，工作甚為愉快，而且自己也可從此學到很多裝配方面的技巧。

　　在工餘時，和他們一起參加打球、游泳等康樂活動；晚

間還為他們管理 TV 的播映（大家合看一台放置在諸如食堂等公共場所的電視機，由我管理並掌控節目的播出，以避免發生爭執）。

（二）升等、調薪

時至 1978 年，全國職工的薪資，因為多年未曾變動，都要向上調整，但只限於合乎調整資格者，我因為不在編制內未得調整。但是因為我在廠裡的表現不錯，也在此時從三級工被評選並擢升為四級工，工資也就升至 45 元。

1980 年 10 月空總又派員來廠了解我的情況，我雖然不知原因何在，但總覺得對我的未來似乎有些好的預兆。同時也很明顯的感覺得到，十五年來關照我的一直是空軍總部。

（三）悲歡離合在人間

我進入鋼套廠後，因為離家很近，只有五公里，一小時公共汽車的路程，每週六下班後，就進城探望母親、大哥和侄兒女們，和他們團聚在一起。每趟回家探視親人還可領到兩角五分的交通費。我雖然也可以天天回家，但因我配有住房，不能像通勤者一樣，領取六天的通勤費。

與母親同遊

由於我周末可以回家，母親會經常帶我走訪過去不曾相識的親友，像是三舅、表兄弟、堂兄弟姐妹等。我也常陪母

親一道去玄武湖、中山陵、夫子廟等名勝古蹟遊玩，補償我失去多年的天倫之樂。

1977 年 10 月，我要求廠方特別批准我去重慶探望妹妹一家。當時規定，只有探望直系親屬才能獲得「探親假」；我雖是不合乎規定，然而我因身份不同，好不容易才獲得批准。這是我和淑慧妹妹別後 34 年的首次重聚，也是離開重慶 34 年後的舊地重遊。在那裡，妹妹每日都要陪我到從前居住過的地方看看，給我許多追憶的機會。另外，侄甥們也陪我去參觀一些新的，有社會紀念性的名勝之地，諸如渣滓洞、紅岩村等等。

數天探親之後，我坐船經遊三峽，直回南京。我記得，我帶了許多四川名產，橘子；才四天多的航程，到南京後，裝在箱內的橘子竟然已經爛掉一半多，但母親見到那些「川橘」，仍然高興不已，因為這些川橘勾起她老人家十多年前和妹妹在那裡的生活回憶。另外我還捎回一張籐椅送給母親，那也是四川的特產，她分外喜歡。

母親勞苦了大半輩子，終於有了一個安樂幸福的晚年。我的歸來，更使她疼愛子女的慈母心得到了莫大的安慰。我自己也因能夠在她身邊服侍她，按月給她一些錢，為她買點她喜歡吃的束西，盡我的孝心，行我的孝道，覺得無上的安慰。

不幸，1980 年 12 月 19 日母親突然因心肌梗塞與世長辭，享年七十有九。縱然可以算是壽終正寢，可是，正當兒女們經過悲歡離合後又復團聚在一起承歡膝下，而從此開始頤享天年之際，還沒有見到我在台灣的妻小，卻棄我們而去，使我傷心逾恆。數十年來我朝思暮想，爾今終於重見，正可

以從此奉養的母親，遽然去世造成我心靈上雙重空虛。

母親沒有留下遺囑，也沒有財產，我們在收拾她的遺物時，卻發現一個荷包，裡面裝的是我們平時孝敬她的錢。母親的用意我們明白，這是她為自己積下來的喪葬費，她不願意在她過世後還要增加子女的負擔。可憐天下父母心啊，母親就是這樣一個人，克勤克儉一輩子，為兒女奔波操勞，在她生命的最後一刻，想到的還是兒女。

母親生前很為我們兄弟姐妹四人能在她有生之年，還能相聚而高興；但就是因為妹妹遠在重慶，不能常見面而時刻記掛著她。這次母親病逝，妹妹卻因故未能從重慶下來送母親最後一程，妹妹為之抱憾不已。

我們在南京辦完母親後事後，我很想再到重慶去探望她，也可藉以互相慰藉喪母之痛。我向廠方請求再准我探視妹妹的「探親假」，沒想到經廠方向北京請示後，立刻獲得北京空總有關方面特准給假，並允許我可以報銷差旅費。更意想不到的是，居然還得到北京官方對我喪母的慰問。從此可見空總在統戰方面，對我的「用心」和「細心」。

1981 年 2 月底，我由重慶探親歸來，立即接到已經到達多日的命令，要我盡快向南京航空學院報到，於是我從此又結束了五年多在工廠裡的工人勞動改造。

四、十八年俘虜生涯最後期

（一）躋身儒林

1981 年 3 月奉命到南京航空學院報到，隨即被派到該院

的實習工廠工作。這是一所久負盛名的，培養航空人才的高
等學府，其實習工廠是供學生實踐理論的場所，所以它既是
工廠又是課堂。我從小就熱愛航空事業，現在能以一個帶罪
之身的俘虜直接為航空事業教學服務，這是我意想不到的機
緣。

　　我一來，校方就分配我擔任教學組副組長的職務，負責
安排一年級學生來工廠實習事宜。當時所以之催逼我立即報
到，是因為那正是學期開始，學生紛紛前來報到實習的時候。

　　為能勝任工作，我對荒廢多時的英文和數理化等科目都
得加緊溫習。有時陪著廠裡青年工人去補習數理，或參加大
學生們的英文課，……進一步充實自己，以利對學生指導教
學。我很快熟悉了業務，不久院方根據我的表現，又對我進
行技術考察，繼而就正式任命我為「工程師」。

在南京航空學院教學，當「師傅」

（二）校園生活

甫自到任，校方特別優先配給我一套新的樓房單元，兩間臥室，浴室和衛生間，還有裝了管道煤氣的灶間。從此按時上、下班，一日三餐都在學校學生餐廳搭伙，過著一般教職員正常而規律的生活。

大哥看我一人居住，顯得空空蕩蕩，怕我寂寞，叫他的兒子，我的侄子，張軍搬來和我作伴。張軍是個老實、孝順的好孩子，我挺喜歡他。他一下班就幫我料理家務。過年過節，他買來我喜歡吃的糖果、糕點孝敬我。每逢星期六，我們一起拉家常，看電影，聽音樂。要不就去遊玄武湖、莫愁湖、棲霞山等南京名勝，或者到大哥家團聚一番。身邊有個年輕人，使我有了照顧和安慰。

也有人認為我有了這套較為寬敞的宿舍，不久前又失去了母親，一個人生活，會覺得單調寂寞，好意地問我要不要重組個新家，好有個正常家庭生活。其實他們不知道，我日夜思念的仍是我和家淇在台灣所建立的溫暖而甜蜜的家，所以從來沒有對他們的好意有所動心，只寄望於有朝一日，能回到台灣與家人團圓。

我從來就有兩個業餘愛好，其中之一是「體育活動」，幾十年從未間斷。在農機廠時，我常和青年工人練長跑，游長江，我還是車間籃球隊隊長。一有比賽，場上的運動員就數我年紀最大。青年們都開玩笑說："老將出馬，一個頂兩。張師傅您一上場，我們準贏球"。我們車間還真連年獲得廠籃球賽的第一名。和青年朋友們一起蹦蹦跳跳，自己也覺得年輕許多。

　　既是一個學校，照例會有寒暑假，也有運動會；我曾參加校內教職員的運動比賽，且得到過擲鉛球比賽的第四名。

（三）自由的徵兆

　　一九八二年五月，北京空軍總部又派一位李姓幹事前來航空學院，他原本是奉命來對我的近況作一番了解的，但臨走時卻向我透露消息說：空總已經在簽報，請上級准我回台探親，要我有點心理準備云云。

　　航空學院得悉此事後，立即配合他們的要求，為我添置家中衣櫥、五斗櫃等傢俱。似乎是在為相關人員或媒體相繼來訪作準備。同時南京的空軍單位也派人前來採訪，並拍了一些訪問活動的照片。

　　他們這些舉措，不知是表示在此之前，他們對我的待遇是打了折扣，而怕被層峰責怪呢？還是為著將向外界表示，他們是「善待」於俘虜，我的？總而言之，他們在急就章地裝飾我的門面。

　　在八月初，妹妹帶了外甥女來南京探親，南京的空軍軍方得悉後，立即特別邀約我們兄妹四人及家屬聚會，拍攝我們各種活動的照片。當時我感覺到，他們已在準備向世界正式發佈「還我自由」時之文宣工作。

82 年離境前安排首次全家大團圓

　　果不其然，在八月廿五日人民日報報導了我們十七年多

前駕 U2 被俘的消息，並告知世人，將於最近期間「放」我
們回台灣去「探親」。

第四章　重獲自由進行曲

一、前　奏

　　自一九八二年五月開始，從他們種種「殷勤款待我」的跡象來看，任憑誰都能嗅覺得出，他們已經在為向世界正式發佈「還我」自由的文宣工作做準備。在我陪妹妹遊罷江南回南京一個禮拜後，八月廿五日人民日報果然報導了我們（我和葉常棣）十七年前先後駕駛 U2 機被俘的消息。並告知世人，將於最近期間就要「放」我們回台灣去「探親」。

　　隨即於九月初我被召去北京報到，在那裡我和葉常棣首次在祖國大陸見面。在八月廿五日之前，我們互相並不知道彼此都是被擊落、倖存而滯留在大陸已達十七年之久的俘虜。現今首度在此重逢不勝唏噓！

　　我離開北京至今已達十二年之久，今天看到的北京城已有了意想不到的巨大變化。當年滿街自行車的陣勢，現多已代之以汽車或摩托車等機動的交通工具；穿著藍灰色毛裝的人潮景象，也已增添許多富有彩色的畫面；「空氣」也似乎沒有以前那麼沉悶，而可以有限度地作口深呼吸了。對被長期下放勞改的我來說，真好像到了一個夢幻世界。

　　此次到北京，我們正式被告知，已獲得當局批准可以回

台灣「探親」了，希望我們成行之前處理好一切私事。還承有關單位體恤，每人發給人民幣 800 元，說是讓我們在分別探訪和告別各自親友時作為川旅費之用。然後要我們回到原來住處等待進一步的指示……。

「居然還能回台灣和失去聯絡十七年之久的妻小團圓，重享天倫之樂」，這對我當然是個天大的喜訊。正在想，今後一定要和家淇再不分離，並且要好好補償她的一切付出與犧牲，重建我們荒蕪殘缺了許久的家園……。那曉得，在我正要退出辦公室之際，那位接見我們的官員拉我到一旁，先低聲囑咐我要有心理準備，然後告訴我說，家淇現在中華航空公司工作，但是已經再婚，希望我能正確對待此事……。我當時心一沉，腦際一片紊亂，不記得當時對這個晴天霹靂的消息是如何回應的，也不記得是怎麼樣回到南京的。到了南京的家，我已無心到外地去探訪親友，而只有終日恍恍惚惚地留在家中「待命」。

在十月初，中秋節剛過之後，空總再度召集我和葉常棣到北京。這次除了正式為我們辦理如何離境的一切手續外，還為我們治裝，製作些須「出國」穿的體面衣著。因裁縫師從來沒有見過「西」裝，更沒有當過「洋裁」，剪裁時經過多方揣摩，加上多次試身、修改，才終於做出了師傅他自以為很滿意，但總脫離不了毛裝陰影的「西裝」。

統戰部和教育部等有關單位，先後在十分高級的大飯店設宴款待我們。在桌面上雖稱不上滿漢全席，但山珍海味倒是一應俱全。我們舉起杯來向滿桌的「東道主」敬酒，感謝他們的盛宴款待，他們卻異口同聲回答說：「不要謝我們，大

家都應該感謝我們的黨」，接著又說：「其實我們也要謝謝你門，要不是為了招待你們，我們是享受不到如此豐盛佳餚的」。那倒是一句真心話，所以每次「宴會」都是「賓主盡歡」而散。

　　在當時，全國尚有部份地區人民仍處於饑餓邊緣，能有機會嚐到如此豪華美餐，算是少數高級官員才能享受得到的額外「福利」。

　　當然在席間他們都不會忘記，更不能放棄和我們「座談」的機會。除盛宴款待之外還安排我們旅遊一些地方，參訪一些單位，其目的不外乎是要加深我們對祖國大陸的認識和印象。這些舉措，不用說就是在我們行前對我們所做所謂的洗腦工作。我對此並無特殊的感受，因為我能瞭解到他們只不過是在進行一項他們分內應做的工作。

離境前被「招待」遊頤和園、長城

二、進　程

　　到十一月初，我們兩人在空總派來的三、四個人陪同下

一道乘飛機飛抵廣州。在廣州幾天期間，空軍單位安排我們
參訪心儀已久的黃埔軍校舊址，黃花崗七十二烈士的墓園，
和孫中山紀念館等，一直以來就想一睹其風貌的地方。另外
還到肇慶等地遊覽了各處名勝。

離境前被「招待」與葉常棣同遊長城、廣東肇慶

　　其實，廣州僅是我們此行中要路過的地方，香港才是我
們的目的地。那時香港還沒有回歸祖國而仍屬英國殖民地，
對台灣和大陸而言，它是屬於「第三地」。人們要在台灣和大
陸之間往來，即使已經獲得雙方政府許可，也要經過香港；
因為台灣與大陸之間並沒有直接來往的交通工具。況且對我
們來說，香港不僅是個行程中的「中轉站」，還是個要取得台
灣入境「許可」的地方。

　　然而，北京只答應「放」我們到台灣去「探親」，但並沒
有管我們如何才能進得了台灣。要如何取得台灣入境證，則
必須由我們自行「設法」。他們為我們辦的香港簽證，只可以
在香港居留六個月，然而進出雙向都有效；所以如果我們真

要到台灣「探親」，必須在六個月內辦妥台灣的「入境證」。可是我們到底已經與世隔絕了十七年之久，真不知要如何才能著手在茫無頭緒中辦得成這件，至少對我們而言，大事。

三、跨過陰陽界

十一月十日空軍人員陪我們乘火車到深圳，在那裡與香港中旅社的相關人員見到了面，然後由中旅社的人帶領我們兩人辦理從羅湖出境到香港的手續。陪伴我們的空軍人員一直把我們送到羅湖，看到我們出了境才互道珍重而歸。

大概由於我們的穿著有別於其他旅客，也或許很少有人會被准許在香港逗留六個月的關係，香港的海關人員在檢查我和葉常棣的旅行文件時特別的小心。在其間，把關的人員不止一次拿著我們的旅行證件到裡面去向他們的上級請示些什麼，最後甚至還請出英籍主管出來與我們面談。經過嚴格盤問、審查，行李和隨身物品也經翻箱倒篋逐件檢驗後，總算真正地踏上自由地土。當我們剛一跨出檢哨站，一位自稱是姓裴的青年人前來，將我們帶上了一列駛向我們將要下塌的旅店的電車。

四、陰影下的自由

那旅店名叫 Imperial Hotel，位於九龍尖沙咀，中旅社的對面。裴為我們在櫃台辦妥住店登記手續後，還陪我們進了房間。他同時告訴我們說，日後在我們住在這間旅社期間，

旅行社受託支付房租和我們在香港期間的日常生活費，每人每月可共得七千五百元港幣。（他當時付給了我們頭一個月的生活費，往後的則將由一位鄭姓先生按月來給付）。他臨走時將他的地址和電話號碼給了我們，並叮囑說如有任何需要他幫忙的可以隨時找他。

說起來，我們在香港的待遇極好，每月七千五百元，等於每天可得港幣 250 元，扣除旅館費 100 元（兩人合住一間，每天租費為 200 元），每人每天還有 150 元港幣可以花用。一日三餐所需最多不會超過 30 元，其它的用錢處就是逛百貨公司，添置些準備回台灣用的衣服及用品等。

由於我們「回台」在望，身上穿的唯一一套不倫不類的「西裝」，走在大街上又過於顯得「異類」；所以不得不立即上街添置一些一般香港人穿著的衣物。我們之所以只買些當時在中國大陸絕對不會被接受的衣飾，因為我們根本就不打算再回到那蹲了十七年之久的牢籠裡去了。我們彼此雖然嘴裡都沒有這麼說，但心裡卻都有這麼的想。

我們住的是一間有兩張雙人床而帶衛生間的套房，裡面的設備十分簡陋。我們不約而同的感覺到旁邊住的旅客都是操大陸口音而來自大陸的人，根本聽不到說廣東話或英語的一般香港旅客，心想這個所謂「中國旅行社」可能就像在中國內地其他機構一樣，是個中華人民共和國所經營的政府單位；至少是個親中華人民共和國政府的旅店，那必定有特種勤務人員在其週圍活動。我們雖然表面上可以不再受任何限制，但在心理上總還存有戒懼，感受到還沒有真正得到「解放」與「自由」。

第五章　翼折香江島，倦鳥難返巢

一、重現世界

　　十一月十日我們到達香港（九龍）後，老葉就和美國休斯頓的董二姐（他前妻的二姐）取得聯絡，告知她們我們已經身在香港；我也趁機請她設法通知在台灣華航上班的張家淇。縱然我明知她已在情非得已的情況下改了嫁，而不應該再企盼她當我回去的時候在門楣上繫上黃絲帶，但看在曾是多年恩愛夫妻，且共同擁有三個子女的情份上，總也應該讓她知道，眾人都認為早已不在人世的我，現正活生生地出現在香港。同時也想能藉此聯絡到在台灣的空軍相關單位或人員，請他們代為轉達我們回台的申請。

　　我們既已到了香港，對於獲得回台許可頗具信心。回想當我們一到香港就從報章得知，中華民國當今的總統已經是蔣經國先生。當年我和老葉在「黑貓」中隊當 U2 飛行員時，蔣經國先生是中美 U2 聯合計劃中的我方最高權威執行長，他常到黑貓來巡視，和飛行官們談話，並且曾經多次做東請中美雙方的隊員餐敘。他深切瞭解 U2 任務是如何的艱巨，飛行員是如何的勇敢。所以我們心想，假若我們的申請書只要能上達到他的手上，要回台灣，一定不會有問題。

　　十一月十九日，董二姐和八妹姊妹兩人，就遠從美國趕
到香港來探望老葉，我也陪伴他去接了機。那末巧，就在當
天晚上我也接到同學李金鉞留的字條，要我和他見面，真是
令我喜出望外。他是華航班機的機長，乘當天要在香港留宿
一夜之便，特別要來和我見上一面。他就住在我們住的
Imperial Hotel 的緊鄰 Embassador Hotel（華航班機的組員在
香港過夜都住在這裡）內。當晚我就迫不急待地去與他見了
面，他是藉飛港台班機之便來看我的第一人。

　　（在 EMBASSADOR HOTEL）　　　（在 IMPERIAL HOTEL）
第一位來香港看我的同學李金鉞為我拍攝而帶回台灣給我家人的相片

　　李是我空軍幼校和空軍官校的同班同學，我們在一起工
作過好多年。他一見到我，愣在那裡一言不發對我看了半天，
然後說：「果然是你啊！在台灣聽說你人在香港，我簡直不敢
相信。大家都知道你出任務到大陸時被他們擊落了，空軍方
面在多年前也宣佈你已經為國犧牲，並在碧潭的空軍公墓為
你建造了一座"衣冠塚"。現今我們的相見，卻確實證明你
還在人世間，且身在香港……」。他為我拍了不少的相片，第
二天就帶回去給家淇和親友們看，讓大家知道我還真的能生

還，而在香港出現，這豈不是神的安排和奇蹟。

　　從此，在華航擔任駕駛的同學都會借飛香港班機之便，前來探望我們。家淇也不斷給我帶來衣物、食品和最深切的關愛。她要我無論如何不要再回到大陸去，要安心留在香港，她們會盡一切努力讓我回台灣團圓。

1983 年在香港歡度春節

與家淇經生死離別十八
年後首次在香港重聚

（一）窩居香港的片段回憶

　　我們等待期間，在香港的生活可以說十分單純卻無聊；早晨到海邊晨跑鍛練身體，白天不是在旅店看電視，就是到外面逛街。香港、九龍的事事物物對我們來說都很新鮮，我們當然也要借此機會多吸收、多瞭解香港的種切。

　　在那個期間，電訊還不那末發達、普遍，雖然人在自由地區，要和仍受管制的地區台灣通個電話並不那末方便，價錢也很不便宜。但在 1983 年 2 月間，我女兒靜怡要去美國留學，臨上飛機之前，她和她的媽媽直接與我通了一次電話，使我得到十分的寬慰，高興了好一陣子。

　　之後不久，家淇在其摯友熊小姐陪同下，冒著一切風險，排除種種困難趕來香港和我私自相聚，那是生離「死別」十

八年後的重聚。當時我們的家已經支離破碎,我們重逢時的心境,在此實在無法用言語所能形容。在談話間她問我在大陸這麼多年來有沒有成家,至少有沒有打算過?她見我回應是否定的,她很歉然且激動的說:「我倒希望你給我的答案是肯定的,那樣至少可以減少一點我內心的歉疚和罪惡感⋯⋯」,我倆除了抱頭痛哭,還有什麼可以說的?

時至隔年的三月間,老葉大概是想完全擺脫共黨的控制,毅然離我而去,獨自投奔到他在香港的親友家。因此,我再無法獨自居住在那旅店,而也就投奔到九龍油麻地,一位我叫他小沈(是我南京堂兄的朋友)的家。我的生活費還是向中旅社領取,但從離開旅店後就扣除旅館等費而減為每月 2400 元。

到他家不久,他就帶太太回南京去看病,並預備趁此將他尚滯留在南京的女兒接出來。不幸他太太很快就病故在南京,他只好獨自帶著一個才五歲大的女兒回到香港。我們三人像似祖孫三代一樣生活在一起,他平時白天上班,我便照顧他的女兒,接送她上下學,在家裡為他們燒煮兩餐。例假日我們也一道出外到海洋公園等地去遊玩,他們父女倆對我比親人還好。這是我意外的一段際遇,使我在香港的那段日子裡得到莫大的幫助和慰藉。後來,因為我們必需「祕密」離開香港去美國,我們的行蹤不便實告小沈,不得已只好和他不告而別,卻也因此和他們失去了聯絡。至今我還內心感到非常歉疚和不安,由衷的希望再和小沈父女能聯絡上,好讓我有機會回報他們對我那段深厚情誼。

小沈和他的女兒在順利大廈

　在香港時，另外還遇到一位貴人，對我的幫助和照顧非常之大；我稱他老盧，是家淇和友人所認識的一位朋友。在香港時，他不時的常來照顧我，家淇到香港來看望我時，也是由他全程妥善安排。至今我還深深的感念著他。

1983 年與恩友老盧

二、進退維谷，困坐愁城

　　我和老葉藉在華航擔任飛行的同學途經香港的機會，請他們帶回要呈給空軍當局的回台申請書，台灣官方卻久久沒有回應，也不派任何人和我們接觸，使我們感到非常不解，心裡不但十分沮喪，而且不由得感到恐懼起來。我們在香港應該如何是好？若離開香港吧，不知如何出境，又到那裡去？假使六個月居留期滿，只有兩條路可走：一是被迫重返大陸，一是消聲匿跡，在香港躲藏起來做個見不得人的非法居民。回大陸，我們都已打定主意再不回頭。至於若果採取非法居留一途，中共肯定再不發給我們生活費用，那我們要如何生活下去？……，實在叫我們傍徨不已！此時只求上帝憐憫，伸出大能的手來幫助我們。

　　我們終日苦坐愁城，時時刻刻都在「等待」中挨過著，然而，我們總不能空耗時間停滯不前。正陷於毫無良策可施之際，我們 35 中隊（飛 U-2 機的中隊）的老中隊長楊世駒（GIMO），也是當時的華航機長，及時趁經過香港之機會和我們聯繫上；他瞭解到我們當時的實際處境，同時也經由某些管道，確認到台灣政府已拒絕了我們回台的要求。他認為此後唯一可行之路，就是設法向美國友人求助。

三、親爹無情　山姆叔有義

（一）有家歸不得

　　我們在香港只准居留六個月，很快就會到期；託人帶回

去的「台灣入境申請書」久久得不到回音，不說准也不說不准，一點進展都沒有。後來據說有關方面認為我們已經被洗了十八年的腦，且又曾在「敵方」大專院校高居教職，一旦讓我們回了去，會對他們的情治工作造成極大的困擾；尤其使他們膽顫心驚的是怕我們已經被對方收買為「諜報人員」。又有說，即使讓我們回去，必須要在第三國停留五年以上，以使腦裡的紅色素完全褪去。這些顯示心裡恐懼卻又無根據的話，他們說不出口，就用「相應不理」的拖延政策來對付我們這些曾為國賣命，且現在被夾殺在異國他鄉的可憐蟲。

眼看六個月期限一到，就會被香港政府將我們遣送回並不想再去的大陸，心裡非常著急，不知如何是好？但又無可奈何！幸虧楊世駒隊長的及時出現，他給我們開了一條意外且絕佳的生路。

（二）山姆叔叔出手相助

當楊隊長和我們第一次見面，瞭解到我們實際情況後，就認為那時我們唯一的求生之道就是向美國友人求援。同時他又告訴我們說，他和當年主管 U-2 計劃的美國友人 MR. CONNINGHAM 一直還保持著聯繫。隨即就要英文程度比較強的葉常棣寫了一封既生動，又能說明我們處境和意願的英文信，由他設法送達到 MR.CONNINGHAM 手上。

美國朋友們收到信，作了一番慎密思考後，就將我們的情形反映到美國中央情報當局 CIA。據說當時有一部份人不打算接受我們的要求，但多數人卻考慮到，我們當年飛 U-2 機去賣命，倒底也是為了美台雙方政府的聯合計劃執行任

務，在道義上也不應該棄我們於不顧；此後就著手進行要如何幫助我們的計劃。當時大家一致認為當務之急就是要使我們能立即離開香港而去到美國。

感謝主，我們正處於苦等而著急之際，一九八三年的三月間美方派駐香港的 CIA 人員和我們取得了聯繫。他們和我們第一次見面，就給了我們每人美金 1000 元，算是見面禮。這次來人對我們將近二十年來被俘的情形作了一番深入瞭解，並確切問明了我們的意願 ── 離開香港投奔自由地，美國。第二次會面，將我們安排到一間旅館內，目的是要對我們作測謊檢驗，看看我們腦袋裡有何可疑之處。老葉還被作了第二次的複測，可見他們對此事之認真、嚴格。

其實，我們到香港後就得知這個「黑貓」中隊，早在八年前已經裁撤而不復存在，老長官和同僚們也退休的退休，轉職的轉職。再說，從來就沒有人公開承認過我們和美國 CIA 有什麼關係，而且我們已經「死亡」多年，他們大可以說已經和我們沒有什麼干係，省得又捲入這一頗具爭議性的漩渦。現在透過當年「黑貓中隊」的一些長官、同僚的大力奔走，讓美國 CIA 得悉了此事，而他們居然還站在道義的立場，義不容辭的伸出援手來拉我們一把，怎麼叫我們不打從心底裡感激山姆叔叔。

在 CIA 決定要幫助我們去美國之後，台灣政府居然也有了意外的反應；先是空軍總司令郭汝霖上將特別經由華航辦事處給我們每人帶來港幣 5000 元；接著台灣情報單位也派人來和我們秘密約會，也送來每人美金 2000 元，以示慰問關懷之意；但都沒有鬆口答應我們什麼時候可以回台灣去。

我們到這個時候才受到自己政府這麼一點「關懷」，真是感慨萬千；那區區金錢只能算是在山姆叔叔送給我們的錦上添了一些花，並沒有感受到一點溫馨。

（三）任務出擊，終獲自由

時至當年的四月下旬，美方有了明確的行動指示，決定先把我們接去美國安置，然後再和台灣方面商議如何作往後的安排。

我們要離開香港的行程是絕對機密的事，除了當事人外不能讓第三者知道，更不能被中共人員得悉，否則只要受到他們一點阻攔，就會前功盡棄。

為了怕中共人員起疑，四月三十日我還是到中旅社領取了他們每月給我的生活費，2400 元港幣（遷離 IMPERIAL HOTEL 後就不再支領住房費），以表示我還要在香港住著。至於小沈那裡，五月一日我借故出門，隱瞞了他我要出去和老葉見面的事，他那知我此一去就沒有再回頭。其實當天我是去香港和老葉會面，並合住在一家旅館內，在當晚，我們二人還匆匆忙忙到香港街市上買了些必需衣物、用品。

五月二日一早，便由美方 CIA 人員接我們到啟德機場，由他們代為辦理特別出境及登機手續。我們順利出境搭乘美國泛美航空公司班機離開香港經東京直飛洛山磯。到達 LA，由我當年（1965）在桃園飛 U2 時美方的安全官 JOHN RAINS 親來接機，他當時是美西 CIA 的主管，所以我們雖然沒有任何證件，入境時也未遭遇到任何困難。當晚 MR. JOHN RAINS 安排我們住在機場內的凱悅飯店，他在那裡設宴歡迎並祝賀

我們能在被虜將近二十年後終於又重獲自由。那天照了不少
值得紀念的相片。

由香港抵達 LA MR. JOHN RAINS　親來接機

　　在 LA 停留一晚，第二天 5/3 日就飛華盛頓 DC，由 CIA
總部有關人員接機，隨即將我們安排在維琴尼亞一個叫做
FALLS　CHURCH 的小鎮上，一所已經為我們租賃好，名為
PARKER TOWER，適合一般居家生活，二層樓，兩房兩廳，
有雙衛和廚房的公寓裡。

　　至此我們總算真的到了自由世界，但何時才能夠回到我
和家淇共同所建造的快樂家園，仍然是個期待中的願景。

第六章　插隊落戶在美京

一、「安」置

在我們到達 DC 之前，他們就已經為我們準備好了住處；到達之後又為我們做了若干令人感佩的事情。諸如：

（一）返航彙報 DE-BRIEFING

按照平常飛行任務慣例，每次飛行之後，都要有一次所謂任務歸詢。這次我們飛行任務出去了將近二十年才劫後歸來，而且回歸的不是原來的基地，卻是美國的京都所在，華盛頓 DC；除以往在基地的一般例行詢問以外，CIA 人員還要外加詢問有關我們當年被擊落的經過情形，以及被俘將近二十年的一切生活概況；他們為的是要作一次真實的親身「口供」筆錄，以便存檔、結案。

（二）落　戶

除了為我們辦了合法入境手續，並且安全到達了美國首善之區 —— 華盛頓 DC，接著還為我們辦理定居 —— 等於落戶美國的手續。這一切事宜都是由 CIA 所派的華籍人員為我們

辦理，我們在完全沒有壓力的氛圍下，只需填妥個人資料即可。從此可以見得山姆叔叔辦事的細膩、週到且富人情味。

二、探親訪友，人情味

美方人員為我們設想得很週到，在華盛頓辦完一切有關落戶手續後，就讓我們到外地去探親訪友，以使我們回來後能以安心定居生活。一切旅行費用悉由他們支付。

我在美國是有些朋友，但至親就只有大女兒，靜怡；她也才於二月間從台灣來到美國，在德州休士頓附近留學；現既有這樣的機會能使我們父女闊別後首次在海外重聚，當然興奮至極。

我在大陸「失蹤」時她才六、七歲，算來已經有十八年多沒有見了；她對我當然不會有什麼印象，我對她也只有從照片中揣摩出來，她已經是個婷婷玉立的研究生。我們此番的相會，像是個只知道彼此有血緣關係，卻是陌生的朋友。雖然我曾憧憬過她飛奔過來投入我的懷抱喊我一聲爸爸的景像，但我不應也不能期望一個大學畢了業的青春少女完全沒有幾許覷睞，況且我倒底是個在她兒時就離開了將近二十年的「陌生人」，不必要讓她在別人面前感到不自在。

這次旅行，首先飛抵德州休士頓探望董二姐，繼而拜訪正僑居在休士頓的老盧弟弟（老盧是我在香港認識，常幫我忙的朋友）。當天就由他接待我，並由他開車陪我到靜怡學校，將靜怡接到他家（往返一整天路程）。第二天再帶著靜怡拜會董二姐，向她鄭重致謝她對我們家的幫助。

之後，又很巧的與一位美國友人 MR.WATTS 聯絡上，他是我當年在桃園飛 U-2 機時，最早的負責人 MANAGER，他已退休，剛巧也住在休士頓；他邀我到他家住了兩天，還陪我去參觀了航太中心，遊覽了附近的名勝。

從休士頓回來後，我又申請到紐約探望老同學，李學禮。他們一家已經移民美國紐約多年，他是我當時在美國唯一可以探望得到的老同學。我在紐約盤桓了一個禮拜才回到華盛頓 DC。

十月間家淇休假，從台灣專程來到 DC 和我相聚，在 DC 住了幾天後，我們一同去 DALLAS 探望女兒靜怡（她在我上次到休士頓探望過後，已轉學到 U‧D‧T 大學去修碩士學位）。我們在 DALLAS 住了兩晚，我就送家淇到舊金山候機回台灣。

此行在舊金山見到兩位老同學，一位是任空軍聯絡官的李怡鈞，一位是鄧曾喜，都是我的小老弟好朋友。同時家淇也會見了華航在舊金山的朋友。最後家淇回台灣，我則獨自從舊金山返回 DC。

三、初嚐社會福利與感人的施與

美國所以之被譽為天堂，就是它對人民的福利設想得非常完善，對我們這些不速之客也不例外。

教育：探訪親友之後，美方人員就要安排我們去學習些東西，以便日後謀生。老葉因英文程度較好，想能藉此學得一技之長；他就去學習有關修理電冰箱的技術；我則上了

SECOND LANGUAGE SCHOOL 去補習英文。

健康：美國友人對我們照顧得無微不至，對我們的健康問題也十分注意，除了一般健康檢查外，還為我配裝眼鏡，修補牙齒、洗牙、根治牙周病，裝配假牙等等。記得那時一副眼鏡就配了 130 元，在牙齒方面更是花了三千元之多。

生活安頓：美國政府為我們辦妥定居美國的一切手續之後，又為我們每人辦妥一筆為數 30 萬元的補償安置基金，其中 2 萬 5 千元現款給我們隨身花用，另外 27 萬 5 千元則為我們購置當時利息最優渥，廿年到期還本的政府公債，每年可獲利 3 萬餘元，作為我們日後經常生活費用。

一般來說，有了上述諸多福利措施，美國政府對我們應該已經算是仁盡義至，我們也該心滿意足而無所求了。但是沒有想到他們為了顧及我們確實能在這，至少對我們來說，嶄新且陌生的社會裡討生活，還特為我們每人花兩千元各買了一輛二手車供我們工作時代步之用。同時又想到我們雖然會駕車，但是沒有駕照仍然不能上路，所以又主動出資送我們到駕駛學校，讓學校派人陪我們練車、考試，一直到我們順利拿到駕照。他們這番心意，任誰都會心存感激而永生難忘。

四、有家歸不去，浪跡天涯討生活

（一）立足斯地，生活有著

時至 1983 年底，美國人已經把我們的生活安頓妥當，就決定要讓我們開始自力謀生。

1984 年起，我們必須搬離起先美方為我們所租賃的

PARKER TOWER，而自行謀得附近一處公寓住下；不久，老葉要到靠近董家的附近落戶，就搬去了 Huston。我因為在美國除了尚未成家立業的女兒靜怡外，沒有其他近親、熟人，同時由於八個月來總算熟悉了週遭的生存環境，所以未敢貿然離開華盛頓 DC。

　　蒙神的憐憫，在我們開始自力謀生不久，由一位我住在 PARKER TOWER 期間所結識到的一位好心教友 MRS RUTH CHAMPLATN，蒙她拜托教堂的牧師，為我在附近，McLEAN 的一所稱之謂 CARL VINSON HALL 的海軍老人院，找到一份安全管理工作。在那裡我當的是夜班，需要接觸的人少，工作負荷亦輕鬆。稍後在老人院裡又認識了一位護士助理 MRS SCHAEFFER，在她獨居的家中分租到一間房間住下。

　　我為了打發整個白天空閒時間，就試著和外界社會接觸，以使藉以增強英語能力。不久，就在附近（McLEAN）鎮上，一家韓國人所開的 SUNOCO 加油站找到一份加油零工，每月倒也可淨賺到 600 餘元，如此一個月的生活開支就綽綽有餘了。

在 SUNOCO 加油站打工

　　對我來說，從此進入了正常安定的生活，只要安心等待台灣大限（在自由地區住滿五年）的一天到來，就能申請到回台灣的許可證，去和家人團聚了。我真心感謝神所賜的恩典！

（二）老葉的遭遇

　　我和老葉分居兩地，各自在安定中生活，彼此也常有聯絡。時至 1986 年間他在通訊中告訴我一則有關台灣當局太過不近人情、顢頇卻令人鼻酸的事情：

　　"在那年他仍在台灣居住的母親來信告訴他父親病重，卻在日日夜夜思念著失蹤、斷去音訊達二十餘年，而今「復活」在他國異鄉的兒子，他，希望他能回去見上一面，以使老父能死可瞑目。他得此噩耗，立即跑到休斯頓台灣駐美的經文處（CCNAA）聲請回台簽證。辦事人員對他說，如果他持有中華民國護照（ROC PASSPORT）就不必申請 VISA，他答稱「沒有」，辦事人員又問他是否有美國護照，他也答說「沒有」，但說持有一張美國的駕駛執照和一張綠卡（美國永久居留證）；因為單憑綠卡無濟於事，於是他的申請遭到了拒絕。

　　"兩週以後他母親從台灣打緊急電話（在那個時代打個國際電話是件不容易的事）來告訴他說，父親病危即將離世，希望他立即趕回去見最後一面……。他接到電話後立打電話給駐華盛頓 CCNAA 的空軍聯絡處請求幫助。第二天他又趕到當地的聯絡辦事處詢問，辦事處的辦事員仍然拒絕了他的請求。在情急之下，他請出該處的主管，懇切請求幫忙；那位主管對他說：「葉先生，CCNAA 已將你的 CASE 告訴了我，我很瞭解、同情你的處境，但是我們卻無權發給你入境許可

證。不過，我會將你的案子向台北外交部去請示……云云」。
老葉問他大概要多久才會有回音，他答稱或許要幾天吧！老
葉接著拜託他，請他一得到批准的回應，立即通知他，那主
管一口答應說「沒有問題」。於是老葉只好留下電話號碼而悻
悻離去。

　　"等了好久電話沒有來，老葉只好再跑到辦事處去追
問；跑了許多趟，得到的答覆總是「快了，請再等一等！」……
一直到他父親死了，安葬了，辦事處還沒有接到台北任何指示。

　　"在老葉父親過世後，經由他們兄弟姊妹們共同商議決
定，將母親接到美國洛山磯的妹妹家來奉養。此後，老葉再沒
有追究為何不讓他回國奔喪的原因，卻對自己國家的政府徹底
失去了信心和盼望，從而不再妄想向當局提出任何要求。"

（三）家庭重聚安樂窩

　　1984 年間，因為生活和工作都尚未趨於安定；怕照顧不
過來，未敢讓家淇前來美國探視我。時至 1985 年 4 月，我意
外獲得老人院主管特別照拂，讓我免費住進老人院裡一間小
套房，於是我自己總算有了一個安樂窩；家淇也從此每年休
假會來美國的「家」陪伴我一段時間。

　　1985 年，家淇首次來到這個新「家」，我倆還專程相伴
到佛羅里達的 DISNEYWORLD 去渡了個二十年來第一次的
甜蜜假期。其後，女兒靜怡也從 DALLAS 來到這個新家和父
母團聚了數日。這也是二十年來首次與親人在「家」裡團聚
（可惜兩個比靜怡年紀較小的兒子仍在台灣，未能有個「合
家歡」），真是感慨萬千，難以忘懷。

　　1986 年九月女兒靜怡在 DALLAS 于歸，我特地飛去為他們主持婚禮。第二天就陪同她駕她的座車回到 DC，然後接著送她到 NY 她的新家定居。這一趟三十多個小時不斷在公路上奔馳，應該算是我今生僅有的一次長途駕車經歷。

　　靜怡婚後定居紐約後，家淇每次休假來美也就先到紐約去探望女兒，然後再轉機續航到 DC 我們自己的家來探望、陪伴我。因為我「家」就住在老人院裡，不會影響我上班，空閒時我倆便在附近各處探親、訪友或遊覽。等她的假期完了，我便開車送她到紐約女兒住處等候飛機回台灣；每次我都會等看到她搭上了回台灣的飛機，才再獨自開車回華盛頓，照常繼續我的生活和工作。

86 年 10 月我倆與女兒遊紐約港

　　既然在美國有住處，也有了工作，應該說已經進到了一般人所夢寐以求的「安居樂業」的境地。可是「家」的女主人，家淇還是個空中飛人，每年旅途勞頓，實在難能真正得

到安寧。

其實我真正的願望，還是能回到自己的國家，重整原來和家淇共同所建造的家園。所以一當我到「在第三國住滿五年」期滿，我迫不急待的向台灣的中華民國政府提出讓倦鳥回巢的請求，可是申請提出後，又像以前一樣，如石沉大海而久久杳無音訊，令我十分沮喪；在極度失望之餘，只好重新規劃我的生涯前途。

既然有家歸不得，就著手將還羈絆在台灣的兩個兒子一起移民到美國來，以期在美國有全家團圓的一天。在 1988年我為兩個兒子都申請到來美的綠卡，8 月間小兒路加就來到 DC，和我一起住在老人院裡。他來到美國後，起先我為他安排到大學裡修習英文，繼而還為他找到一份零工，以使他能和社會有所接觸，而加強學習的機會。可惜他對美式生活和社會環境都難以適應，到當年年底以參加哥哥在台灣的結婚禮為藉口，就回去台灣，而沒有立即回到美國來，且有不要在美國永久居留的打算。

1989 年 11 月是我六十歲生日，算是我的大壽，兩個兒子、大媳婦一同來到美國，在女兒居住的紐約大會合，慶祝我六十壽辰。這是我「失蹤」以後，第一次和我所有兒女，還加上個剛進門不久的大媳婦，同時間在一起大團聚。哦，再一個月就是四分之一個世紀了，這次聚合的心情，只能以悲喜交集來形容。

第七章　歸來兮！

在第三地－美國，居住到五年，應該已經達到了台灣要把「紅色素」完全從我們腦子裡褪去的要求。我們就再適時地向台灣提出返國的要求，不料當局又是裝聾作啞，相應不理；很顯然，他們非但不再重視我們，而且根本已經把我們當作棄兒，不想再讓我們「回家」，故意想用「拖字訣」來解決問題。

一、歸路由媒體打通

時至 1988 年假期季節剛過，一位正在撰寫有關「間諜機 U－2」一書的英國作家，MR.CHRIS POCOCK，在一位美國朋友的陪同下，特地前來 DC 看我。當天就在我請他們用餐的一家中國餐館接受了他的採訪。

迄至 1989 年的四月間，MR. CHRIS POCOCK 寫成，並由英國 AIRLIFE PUBLI-SHING 出版了一本名為《DRAGON LADY》的書；此書將有關美國中央情報局利用 U－2 飛機當作間諜工具的來龍去脈，敘述得翔實且生動；單就裡面有關 U－2 的秘密間諜活動，就足以引起廣大讀者的興趣。尤其他用戲劇化的筆調穿插些大時代中鮮為人知的祕辛，不光是關

心間諜活動的情報人員，就連好奇並愛好「探祕」的人們，也都喜歡從中一窺究竟。所以此書一經聞世，很快就洛陽紙貴，成為暢銷書。

在書中有關 ROC 和其鄰近國家參與這項間諜軍事行動的篇幅，就佔了長達二十頁之多。在其後記中所描述的，雖然與 U－2 間諜機並沒有直接的關聯，然而卻詳細談到 ROC 政府如何對待我和老葉不公平的情節。

很可惜，因為此書是以英文寫成，在台灣並沒有引起十分注意；俟至 1990 年初台灣聯合報駐美記者彭廣揚先生發現此書，隨即就向在台灣的同事翁台生先生推介；翁先生在台灣隔洋採訪過我後，遂將《DRAGON LADY》中有關在台灣的行動計劃部份，翻譯並改編，寫成取名為「黑貓中隊」的報導，連載於台灣的聯合報。同時在美國的記者彭廣揚先生也專程來到 DC 訪問我，繼而寫成專文在世界日報的週刊上發表。從此「黑貓中隊」在台灣頓時成了很時尚的「話題」。

台灣政府在這種「人盡皆知」的氣氛下，才不得不重新「關心」起我和老葉長時間滯留美國，而有家歸不得的情況。然而那時他們僅僅表示可以「讓」我們「回家」，卻並沒有要將我們這兩個為國效命、分別被俘 20 年和 18 年、又在異國他鄉漂泊流浪長達七、八

記者彭廣揚先生專程
來 DC 採訪時作簡報

年後的「國軍」「接」回去的意思，也沒有要管我們是走路回去還是游水回去，當然更無意為我們作回台後如何生活的任何具體安排。

　　老葉和我都覺得我們在美國都已漸漸安定下來，現在要是只為了他們能「讓」我們「回去」而就自動跑「回去」，對他們，當然就可以以這個「讓」字來贏得世人對他們有個「寬大為懷，善待我們」的假象，可是對我們本身而言，未免太過委屈。於是我們向中華民國駐美使領單位的武官處申訴、請求，希望能留點尊嚴給我們。經過多次交涉和有力人士的關說，直到當年的六月終於得到他們應允。

　　此後不久不但收到他們核發的中華民國護照，還附來我們回台灣的華航飛機票，算是表示我們自己的政府來「接」我們回家了。其實他們這樣的「恩賜」舉措，不但在國際間為自己國家保留了一些應有的顏面，對人（尤其捍衛國家的軍人）性的尊嚴也表示有所認知。

二、場面感人淚滿襟

（一）揮　別

　　我們回台灣要乘坐的華航班機，原來就被安排在九月四日下午由 L・A 起飛，我和老葉則於頭一天，即九月三日在洛山磯會合，當晚承由當地的中華民國退役同袍，為我們舉辦了一個非常溫馨的歡送大會；第二天下午他們還到機場來向我們揮手送別。這些感人場面至今還歷歷在目，永誌難忘。

（二）飛行途中

當我們登上早就停在機坪的波音 747 巨無霸客機時，空服員不將我們帶到原來劃定的經濟客艙，卻把我們引領到頭等艙去坐，當我們告訴她我們握有的只是經濟客艙的票，我們沒有錢補票升等，這時突然聽到一位男性空服員很客氣的說，這是他們機長特別吩咐為我們升等的。我覺得這位男性空服員的聲音似乎有點熟悉，抬頭一看竟是我的大兒子慶怡，當值的空中少爺。

在我又驚又喜的神情中，他喊我一聲爸爸，接著告訴我，這趟我們父子在飛機上的「巧遇」完全是公司的精心安排。原來他並不是這個航班的空服員，公司方面為了要表示對我們隆重歡迎之意，特意將他調到這個航班，讓他親自來接待他的父親和父親的戰友。我感到非常歡欣和安慰，連忙要他見過葉常棣伯伯。

頭等艙裡的客人不多，大概只有五成左右；原來頭等艙的位子就很寬敞，有這麼多的空位可以讓我們任意或坐或躺，更使我們感到自己是個特別的 VIP。飛機平穩地起飛後，男女空服員們對我們的服務，我想就算是總統也未必有我們這樣的享受。

飛機穿過雲層後，一路感到平穩舒適。不久機長出來，沖著我們一個敬禮，還說聲 "教官好，歡迎您們！" 我們正在詫異，他即刻自我介紹說，他姓范，名鴻棣，是這班班機的機長。並說原來他也不是飛這一班機的，今天是公司特別將他調來，要他和慶怡搭配著來「迎接」我們的。

　　我們並不認識他，公司既然要表示熱誠歡迎之意，為什麼要派一位我們並不相識的機長呢？後來在交談中才瞭解到，原來范鴻棣是我們官校後好幾期的學弟，所以他一上來就稱呼我們"教官"（官校傳統，後期學弟見到資深學長都尊稱為"教官"）；頓時使我們有回到軍中受到尊敬的榮譽感。除此之外，他也曾是「黑貓中隊」的 U-2 飛行員，我們的同袍，所以我們相談起來猶如一家人，格外覺得親切、溫馨。華航這樣的巧思安排是經過精心設計的，我們在飛行途中一直覺得有股暖流在週身流動。

　　既是同行，我們就有共同語言，談起話來特別投契。我們都有飛過 U-2 的經驗，但是我和老葉卻從來沒有飛過 747 民航客機，我們好奇的戲問他，飛 U-2 比較好飛還是 747？，他很誠懇的回答說，飛 747 客機要比 U-2 容易得多，但是責任可要重得太多，因為飛 U-2 只要對自己一個人的安危負責，可是在民航機上可有數以百計的乘客生命託在我們駕駛員身上。

（三）歡迎歸來

　　在飛機降落之前，我們都有自知之明；我們不是英雄，而只是個被擊落而被俘虜的倖存者，且遠離自己國家已達四分之一個世紀之久，下機時只要能見到幾個親朋好友，就

凱旋歸來兒子慶怡全程陪伴

足以安慰了。

　　當我們一出機門，一位空軍上校上前來向我們行了個軍禮，並自我介紹說，他是奉派前來接待我們的。他交代隨從拿我們兩人的護照去辦理入境手續，他自己則引領我們通過特別通道走往貴賓接待室；沒有想到當我們走近接待室時，發現在接待室外面已有一大群人正等待我們的來到；有人向我們呼喊，有人獻上花環，歡迎我們的回來；尤其當我看到上面寫著＂歡迎「鱉起」歸來＂的大幅紅色布條時，頓使我哽咽得不能言語。

　　那顯然不是官方的歡迎場面，因為布條上寫的不是我們兩個「英雄」的名字，而是並不優雅的「鱉起」。那是我打從進空軍幼校起到官校畢業，同期的同窗好友們給我起的諢號；舉得起這樣橫幅紅布條的，除了我空軍幼校第四期、官校卅期的一些同窗＂死黨＂好友還有誰？那種場面實在熱情感人，我眼眶濕了，衣襟也濕了。

　　最令我克制不住情緒的是當我在人群中發現了家淇，她手捧著一束鮮花，在我走近時默默向我獻上，我們沒有像洋人那樣擁抱，更沒有接吻，卻站在那裡緊緊手握著手，旁若無人地熱淚洗臉泣不成聲。我們所以之僅止於此，因為顧慮到她在名義上還是＂何太太＂！

　　在接待室接受過記者拍照、訪問後，負責接待的上校軍官用汽車將我們送到空軍官兵活動中心，住進為我們預備的房間。他向櫃台交代說，當我們住在那裡的一切費用概由他負責料理。臨行離去前並囑咐我們說，次日早上九點要陪我們去見空軍總司令林文禮將軍。

在 1983 年，我們初到華盛頓 DC 時，林將軍是中華民國駐華盛頓 CCNAA 的駐外武官，我們曾有過數面之緣，這次見面倒好像是老友重逢。在談話中得知他為我們回國後的安排做了很多考慮，然而因為我們年齡關係，又由於我們不在職已達二十五年之久，限於軍中種種規定，要官復原職或轉任軍中其他職務已無可能，唯一比較可行的就是從空軍「退伍」……。

召見談話最後他告訴我們說，當晚將有一個盛大的歡迎餐會。

出席當晚歡迎餐會的有許多空軍高級軍官、當年黑貓中隊的同僚、幼校和官校的同學。在席間，我們歡樂敘舊並回憶三十年來的往事，真是一個溫馨的夜晚。

老隊長楊世駒、作戰長包炳光為葉常棣和我慶賀歸隊

參加張小燕所主持「與小燕有約」電視訪問節目

第二天，接待單位專為我們派來一位副官；在他陪同引導下，我們到了台北和其近郊一些主要景點，例如國父紀念館、中正紀念堂、故宮博物館等處去參訪。闊別了二十五年後的台灣，有令人驚羨的巨大變化，對我們簡直成了陌生地。

那些寬闊的高架道路，對我們來說，不過是當年對台灣

的一種「願景」。汽車和機車呼嘯爭道,是以前所想不到的景像。從北到南乘汽車只要以前的一半時間就可到達;且在各大城市之間還有區間客機往返。看上去人人要比二十五年前有錢得多的光景,可見到蓬勃發展起來的經濟繁榮。

在行程中,為我們作嚮導的副官應我們的要求,把我們帶到新店碧潭的空軍英雄墓園,去憑弔自己的「衣冠塚」。墓園的管理員指著墓穴位置說,在大陸宣佈我們尚在人間後不久,我們的墓碑就被移走了,不過我們的那兩塊黃土至今還沒有分派出去給別的「陣亡英雄」云云。我和老葉聽後相對一笑,異口同聲地說:「這塊墓穴大概是要保留著給我們作最終的安息之所吧」。

我們先後曾蒙林總司令、陳參謀總長、以及行政院郝院長予以接見。也曾有幸拜會到當時已經榮退了的老長官,如大家所敬仰、尊稱為「王老虎」的前總司令王叔銘將軍,和一向為老總統駕駛座機而聞名遐邇的衣復恩將軍等。

有天還蒙王老總賢伉儷在觀光大飯店專為我們倆對儷人(我與尚未「復婚」的家淇,老葉和此行即將成婚的未婚妻)賜宴慶生(我們的劫後餘「生」)兼接風;席間連他請來作陪的客人一共才八九個人,這種「私人化」的刻意安排,感到特別溫馨,當然也有受寵若驚的感受。在老葉稍後的婚禮上,還恭請他擔任主婚人,他也欣然答應主持婚禮;難怪,王老總在空軍袍澤的心目中,一直是我們尊崇的大家長。

在其間,「黑貓中隊」的所有同袍專門開了個盛大餐會,慶祝並歡迎我和老葉的歸來。另外幼校四期和官校三十期的同學,也分別單為我舉行餐會;如此成天浸淫在忙碌的歡樂

之中，簡直叫我樂不思蜀。

官校卅期同學迎會

幼校同學歡迎會

　　在留台的後段期間，由情報署李署長陪同我們回桃園、
台南等基地緬懷過去；到岡山官校和台東、花蓮等基地參觀
遊覽。回到台北後，好像是九月廿三日那天，空軍總司令部
為我們舉行了一個「光榮退伍」的儀式。

　　「榮退」的儀式，十分莊嚴且隆重。林總司令當眾表揚我們，闡述我們為國犧牲、奉獻的英勇事蹟，並親自在我們兩個「黑貓」胸前別上榮譽勳章。在隨後的茶會上遇到多位空軍總部各單位的主管長官；這些長官中，大多數不是當年的同僚就是同學，所謂「士別三日刮目相看」，應用在此倒很貼切！

「榮退」典禮

　　當時他們也為我們辦了退休手續，那是「一次退休」（我領得新台幣七十多萬元，老葉卻只領得四十餘萬元），也就等於說我們領得這區區之數，一生的軍旅生涯就此了斷，今後的或生、或死，就與我們曾經效命過的國家、政府無關了。那時老葉和我都才六十出頭，也許還有許多餘年要養，所以非要爭取到一個可領「終身俸」的待遇不可，可憐我們雖經各方奔走、投訴、甚至還得到多位立法委員們的深切關懷，最終還是徒勞無功。

　　我們雖然回了「國」，卻無「家」可歸，所以空總將我們

暫時安置在空軍官兵活動中心住下。家淇的「家」近在咫尺，但那是「何家」；雖然那時何先生人在大陸不在台灣的「家」，然而我總不能鳩占鵲巢安心住下。同時由於其它客觀因素，既然不能就此在台灣安身立命，到十月初就只好打道回（華）府繼續為生活而工作。

三、「重」婚在美國

1990年十月回到美國華盛頓繼續工作生活。時至歲末家淇從台灣來消息說，在我重返美國後，何先生從大陸回到台灣，得知我已有可以重返家園的事實，認為應該要與家淇開誠布公地討論有關今後的打算。經過一番懇談後，他願遵守當年與家淇結合時的約定 —— 如果有一天我又重現於世，他們就解除婚約，而讓家淇自由地回到我的身邊，而他自己則以七十高齡的退除役官兵資格住進了北部的一處「安養院」。此後當我回國時曾想前去探望他，同時也要為他多年來照顧我的家小，而最終又如此慈悲慷慨地成人之美的美德向他致謝意，他卻婉拒了，所以我始終沒有見到過他；不過我兩個兒子倒很懂事，常到安養院去探望他，因為老先生倒底對他們有過養育之恩！我對孩子們能有感恩心懷，覺得十分寬慰。

家淇既得自由之身，第二年的四月，就到華盛頓來與我團聚；同時一道到法院去登記重新結婚。隨即在我工作（住處）的老人院的一所小教堂裡，由一位內部退休牧師（craven）親自為我們主持婚禮。儀式簡單卻很嚴肅；在場的僅牧師師母兩人，其他的人則未敢驚動。那天我倆都穿著新衣，各自

為對方戴上結婚戒指，拍攝留作記念的相片，而完成了正式的結婚手續。當時正值櫻花盛開季節，我倆還特地到 DC 作了一次新婚蜜月之遊。

在美國華盛頓「復婚」典禮　　　　　國會山 之旅

　　同年的十一月，我趁休假回到台灣，又特地為了我倆「復婚」和全家的大團圓，舉行一次名符其實的「大喜」宴。受邀賞光的有當時的參謀總長陳燊齡、華航董事長烏鉞、原空軍總司令郭汝霖、空軍總司令林文禮以及老同學老戰友們，總共席開十餘桌。我們原來是不受賀禮也不收賀儀，卻沒想到參謀總長陳上將現場贈與一個多層大蛋糕，為我們的這場宴會增添了許多洋洋喜氣。

　　事後，我和家淇還到照相館拍了一組「新婚」照，這也是我倆「首次」結婚 35 週年的紀念照。從此，在我們臥室的床頭前一直放著其中兩張的放大照。

　　「復婚」後，1993 年初夏，我終於正式「遷居」回到台灣，與家淇及家人團聚在一起生活，重整破碎了二十八年又半的家園。感謝恩主！這一切榮耀都要歸於主！

第八章　吾愛吾妻

一、不渝的愛

　　我與張家淇初次相識是在 1952 年的三月間，那時她正值荳蔻年華，還只是個初中畢業生，由於她的純正秀麗，我就一見鍾情，墜入情網，而一直相戀著，至 1955 年她高中畢業時才正式文定；前後經過四年的愛情長跑，在 1956 年的九月間終於成了眷屬。

我與家淇 1956 年 9 月終成眷屬

　　婚後，她一直住在位於東港的娘家；我因為任務關係，經常駐守在各個不同的基地待命，難得「回家」，實際上我倆

是聚少散多。在我「失蹤」前,我們生有一女兩子,她因有娘家的照拂,得以一直在空軍子弟學校安於教學。

我在 1965 年正月「失蹤」時,我們結婚尚未滿到九年,最大的女兒才七、八歲,而小的兒子尚在襁褓之中。幸虧有她娘家可以偎依,並給她強力支持與無限慰籍,才使她能渡過人世間最殘酷的難關。她娘家也等於是我的家,她的父母猶如我自己的親生父母,我對岳父母所給予的恩惠與慈愛,真是數說不盡,感念終身。

在 1965 年 1 月 10 日夜間,我飛 U-2 到大陸擔任偵照任務,不幸被對方飛彈擊落;由於大陸保密到家,始終未讓我方得知,我是已經身亡還是被俘。政府在毫無音訊的情況下,過了一段時間,只得宣佈我已經為國「捐軀」。

政府宣佈我「陣亡」不久,「黑貓中隊」行動計劃的我方最高執行長蔣經國先生,即刻南下到我家慰問家淇及全家;接著囑咐下屬按照國軍遺族撫恤條例予以撫恤;並責成空軍當局為我建造一座「衣冠塚」,以供憑弔。同時將家淇安排到位在台北的中華航空公司工作。

然後,在台北的一塊土地上(那是在我「遇難」前就與家淇共同所看中的)建造了一棟可容納全家居住的房舍;岳父母就帶著我們的三個孩子一起從南部遷到台北和家淇安頓下來。

家淇雖然已被視為空軍「遺族」,但她始終認為她守的是「活寡」,不肯承認我已離她而去,至少在她心中我還活著。那時她才三十年華,秉持著這個信念,廝守著我們的三個子女與她的父母生活在一起,而日思暮想地等待我「復活」的

奇蹟出現。即使八年後拗不過長輩們的勸勉而接納何先生的
照顧時，也忘不了要與何先生訂明約定 ——「假若有朝一日
我真又重現於世，他們就解除婚約讓她自由，而回到我身邊。」

二、我重現於世

　　1982 年八月，大陸政府向世人宣佈我與老葉尚活在人世
間，並宣稱即將「放」我們回台灣去探親，11 月 10 日我們
果然到達了香港。當一踏上香港，我就迫不急待地請由在美
的友人董二姐（老葉前妻的二姐），設法轉告正在中華航空公
司任職的家淇：我還活著，人正在香港而且已經獲得自由。
她一得到此一消息，當然歡喜若狂，恨不得立即插翅飛來和
我重逢；由於當時難關重重，無法馬上如願以償，但她立即
托人捎來口信（那時台港之間通電話也很困難），以懇求的口
吻叮嚀我，一定要安心留在香港，等她設法讓我回家團圓，
而千萬不能回到大陸去，深恐再也出不來而再度失去我。並
幾次三番託華航飛香港的班機組員帶來我「失蹤」前喜歡穿
的衣物和吃的食物，給我十分的甜蜜、溫暖、鼓勵和關懷，
叫我無法不說她愛我至深。

　　才三個月的時光，次年的二月，她居然克服萬難，歷盡
千辛萬苦（那個時代在台灣的人民要出國並非易事，公務員
出國更是困難），在友人熊小姐的幫助和陪同下來到香港和我
見面。那是生離死別十八年後的首次重聚，此情此景真是悲
喜交集，而非言語所能描述。

　　十八年前我「失蹤」的時候，我們都還年輕；雖然從來

就杳無音訊，我們卻都抱有「一天會重逢」的信念，所以一直以來彼此總編織著再度重逢的夢幻故事。見面的霎時間，她與我都不敢信以為真；我倆情不自禁地當眾相擁而泣，然而徹夜傾訴著彼此思念之苦。她問我十八年來，尤其後期我擔任航空學院教職後，有沒有在大陸成家或至少想過成家，當我給她答案是否定的時候，她緊抱著我痛哭失聲說：她希望聽到的不是否定的答覆，因為這樣她可減輕一些對我的歉疚之意。其實，我打從心底裡認為，我們誰都對得起誰，要怪只怪造化捉弄了人。

我們同聲感謝上蒼憐憫，讓我們這對被無情拆散了的苦命鴛鴦又變成了同林鳥。

三、空中飛人美國見

二月裡家淇和我在香港見過面回台灣後，到五月間，因台灣拒絕我與老葉入境，遂被美國叔叔接到了美國；我們一到美國，家淇就急著辦理當時都認為非常困難的入美簽證；結果皇天不負苦心人，在十月間就再從台灣來到美國 DC 和我團聚，這是我們第一次在美國相聚。

此行我們一道去 DALLAS 探望女兒靜怡後，再到舊金山探望親友；最後在那裡我送她上了返回台灣的飛機，我則獨自回到 DC。因為這是我們首次在美國牽手旅行，難得的經驗，永遠不會忘懷。

因為政府方面怕我們在大陸十八年，被洗腦中毒過深，一定要我們在「自由」地區居住超過五年，待腦際毒素完全

褪去後才能回台，結果我和老葉被迫留在美國長達七年之久。在此期間，家淇要和我見面，只有飛到美國來。

在此七年間，家淇幾乎每年休假時，都會到美國和我團聚一段時日，以解兩地相思之苦。其間還有幾年，每當她來到美國，兒女們也都按排在同時間來到美國和我們大團圓一番。

「遇難」後首次一家團圓在紐約

1990 年九月間，政府抵不住媒體正義之聲的壓力，將我和老葉正式「接」了回去，實現了我重返家園的夢。然而，我雖然被政府「接」回了「國」，但我在那裡並無可歸的「家」，加上其它客觀因素，我在十月初還是回到美國的「家」繼續工作、生活。不過基於我有了可以隨時重返家園的事實，家淇就和何先生依照當年結婚時的約定，在年底解除了婚約，而準備與我一起重整家園。

四、牽手同作 "愛之旅"

第二年，即 1991 年的四月，家淇以自由之身，帶著無比

興奮熱切的心情來到美國與我正式團圓，且在華盛頓 DC 以
莊嚴隆重的婚禮又成了合法夫妻。

「復婚」後蜜月之旅

　　在同年的十一月趁我休假，特別雙雙回到台灣補辦喜宴
以昭天下：我與家淇又已成為比翼鳥。那天的喜宴，冠蓋雲
集宴開十餘桌，甚為風光。我們還到照相館拍了許多的照片，
一則當作我們的「新婚」照，同時也作為我們「第一次」結
下秦晉之好的第三十五週年紀念照。其中有兩張將它放大
了，從此就一直放在我倆臥室的床頭前。

回台灣補請喜酒並慶祝首度結婚卅五週年

「婚後」我倆因各自的工作關係，我還是回到美國繼續工作，等待退休；她則留在台灣中華航空公司工作，所以我倆仍然勞燕分飛各居一方。

1993 年春，因大女兒靜怡要在三月間生產，且是頭一胎，她就在女兒產前趕到紐約幫忙照顧。我也從 DC 趕到紐約與她相聚。

到那年的五月，我在 DC 老人院的工作，已可合乎四十個工作季度的退休規定。於是我辦了退休手續，從而開始支領每月才三百餘元美金的 SSA 社會退休福利金。

同時就在六月間結束長達整整十年客居美國的流浪生涯，束裝回到台灣，重整家園而正式與家淇攜手開始新生活。

那年下半年正逢我們空軍幼校四期同學進校五十週年，有校友發起，要在本校原址四川灌縣（都江堰市）舉行盛大校友會，我和家淇帶著幼兒路加一道從台灣前去參加。

這是我從 82 年離開大陸後，首次以台胞身份重返大陸；家淇用的也是台胞證；幼子路加原本出生於台灣，更是名正言順具有台胞身份。一家三口，一種身份三種心情。兒子等於去到外國作尋根之旅；我是有股「帶著老婆孩子回老家」的榮歸之感；至於家淇，雖已兩度進入我張家門，可是與夫君牽手同行見到婆家人卻是第一遭。所以這次的回鄉之旅我們都很興奮愉快。

在參加校友會後，我們即就近探視住在重慶的親妹妹淑慧及其家人。隨後由妹妹陪同乘船遊三峽，繼而順流下江到南京老家，見到大哥二哥全家人；我們兄妹四人加上全體家人總共卅七人，真算得上是我家的世紀大團圓。在其間我們

曾去黃山、鎮江、楊州等地旅遊。一家人大聚會慶團圓，真
是其樂融融，家淇更是樂在其中。

93 年與家淇回南京老家與　　　乘「愛之船」作阿拉斯加
兄妹家人團聚　　　　　　　　　　"愛之旅"

　　1995 年，家淇年屆甲子，從華航申請屆齡退休前；在五
六月間我們邀約要好的同學和他的太太，一同到洛山磯，再
到溫哥華同學盧維恆家中住了長達一個月之久。在其間我們
曾作洛磯山冰河之旅，又乘"愛之船"往返阿拉斯加。這一
趟真是我們乘"愛之船"作了一次"愛之旅"。

　　1997 年 7 月，家淇與我到紐約和女兒靜怡及年幼的外孫
女，一道乘"愛之船"作了一次「加勒比海」之遊。此行心
曠神怡，賞盡旖旎風光。由美國返回台灣不久，接著在 10
月間，我倆又和三兩同窗好友一道到歐洲德、法等地旅遊。

日內瓦世界最高噴泉前　　　巴黎凱旋門前

並在德國參加同學王錦南公子的婚禮，確是一趟既新奇又愉快之旅。

1999 年 9 月又逢我空軍幼校四期入學第 55 週年慶，同學們要在江西盧山舉辦大聚會，我和家淇邀約同窗好友張善修、李金鉞和他們的夫人一同前去共襄盛舉。我們先到北京王錫爵家中小住十天；在此期間，先後遊覽了北京各個景點，也到過承德夏季故宮。然後再和在北京的一夥同學一起乘車南下，上盧山聚會四天，我們在那裡遊遍了盧山的各個景點。

最後我和家淇再乘船回南京，與大哥二哥兩家人共渡中秋佳節後才回台灣。這是我倆一生中最有意義、相伴最久且最為愉悅的一次旅遊。

2000 年初，她突感身體不適，住進台北榮民總醫院數日，經檢查診斷她的遺傳性多囊腎，發現有腎衰竭、貧血等症狀，當時僅以服藥治療，卻未予多加重視。

2001 年，我倆照例到美國探視女兒兩個月。回台後，在十月間和同窗好友一道到大陸的雲南、昆明、麗江、大理、越南河內一帶旅遊，為期十天。十二月初因逢空軍官校卅期畢業五十週年慶，同學們又組團去大陸海南島旅遊六天以誌慶賀。

2002 年 6 月我倆照例去到美國與女兒共聚。這一年家淇的身體狀況已不是很好，尿毒指數也見偏高。在紐約曾不斷求醫，後因不見好轉，卻病情越趨嚴重，我倆就提早回到台灣。在台灣每半個月到長庚醫院門診一次，可惜病情非但久久不見起色，反而逐漸惡化。

2003 年 3 月間，她和我計劃要再到美國一趟，但到四月

裡，發現她的尿毒指數太高，必須留台洗腎，未能成行。四月底開始洗腎一月後，突然又有黃膽現象發生，6月初住進醫院經診斷患有膽結石，隨即就以手術取出石頭；不料取出結石後一週，因出血不止，逐於在7月2日動了開胸腔的外科手術，且從此她就住進加護病房；隨之在7月22日起就陷入昏迷不醒的狀態，一直延至8月9日，不幸她就撒手離我而去。8月廿一日我在極度悲慟中，將她火化且安葬於台北林口的頂福墓園，永息主懷，而在天家等待我的再見。

　　我和家淇自1952年相識以還，總是聚少離多，直到第二次正真團圓後，才過著隨時相伴、愛的生活。我們相伴著週遊世界，暢遊祖國大陸名山秀水，一起編織著更美的將來，以求彌補所失落的過去，我們簡直是活在只羨鴛鴦不羨仙的世界中。天哪！難道真的是遭到嫉羨，怎麼才十年就奪去我至愛的伴侶，家淇。

與家淇告別

　　感謝主！我這一生固然是悲歡離合的一生，我卻曾擁有上帝所賜給我最美善的她。她之先我而去天家，大概是要在那裡迎接我的去到；我知道這是上帝的美意，我要大聲感謝讚美主，哈利路亞，阿門！

又穿上 35 中隊（黑貓中隊）飛行夾克

參謀總陳燊齡上將接見

卅期老同學合照：盧維恆、張復、張立義、劉蘇鐘、譚志為

參觀華航

回台南基地和老長官及新飛行官合照

由美國重返台灣時，大兒子身為華航班組員特別隨機接
我回抵台灣 1990.9.5

重返台灣，在 9 月 21 日榮退典禮上的合影留念

生還返回台灣空軍官校，30期同學歡慶聚餐會後合影留念 1990.9.5

生還返回台灣幼校四期同學歡迎聚餐會合影留念 1990.9.9

1956 年 9 月結婚照

1959 年我倆和兩個孩子合照

闊別二十七年終於見到老娘親 1971.2.12　　我和母親在 1976 年時的合影

永不忘和女子們在大陸一起生產戰鬥的歲月

35 中隊歡迎餐會全體老戰友合影 1990.9

成 35 中隊歡迎餐會上和老隊長楊世駒、作戰長包炳光切蛋糕慶賀歸隊

美國世界日報記者彭廣揚為了
Dragon Lady 一書出版後，特別
到華盛頓我工作之處採訪拍攝
的（1990.2）

第一位來香港看我的同學李金鉞
為我拍攝而帶回台灣給我家人的
相片，在 IMPERIAL HOTEL

離開大陸去香港之前在北京
「被招待」遊頤和園、長城留
念 1982.10

與家淇經生死離別十八年後首次在香港
重聚紀念（1965.1-1983.2.1）

結婚 35 週年照

結婚 35 週年照
1991.9.1 攝於台北

「遇難」後，26 年來首次一家團圓在紐約
1990.5.20

乘「愛之船」坐阿拉斯加「愛之旅」
1995.5.18

我倆與女兒同遊紐約港合攝於渡船上
1986.10.30

由台回美前在機場送行留影 1990.10.8

擁抱著太太和女兒這是多麼難得幸
福的團聚啊　　　　　　1983.11.19

以金門橋為證，願我們倆終身相伴
在一起過著美滿幸福的生活
　　　　　　　　　1983.11.21

這是遊長城的留影 1982.10 於八達嶺

70 大慶在家中與家人共聚留影
　　　　　　　1999.12.24

1991.4.4 復婚蜜月照片

1965.1-1990.5 別後 26 年全家第一次
的大團聚（在紐約女兒家中）

1991 年 11 月重返台北在我和家
淇的復婚宴會中，前空軍總司
令郭汝霖和我倆合影留念

1993.9.30（中秋節）回南京老家與
大哥、二哥嫂、妹妹，全家人大團
聚於江蘇飯店

法國巴黎凱旋門前合影 1997.10.15

在北京空軍醫院接受盧俊山醫生治療 1965.1

將要回台探親前南京空軍邀我和家人團聚 1982.8

1982 年得知可離境回台時與馬前村的鄉親們辭別

沈鳴遠和她的女兒在順利大廈
1983 年 3-5 月，在香港滯留時，
曾寄居在他家中，我倆過去是
不曾相識的在香港時，他對我
有莫大幫助

在 Imperial Hoterl

1983.5.3 由香港來到美國洛山機
由美國友人 Mr. John Rains 親來
接機

帶著沈昊玥小妹妹在順利大廈
的休憩處玩耍

在 Sunoco 加油站打工 1993.5.24

愛妻家淇告別式